Klaus Thiele-Dohrmann
INTUITION

Klaus Thiele-Dohrmann

INTUITION

Göttlicher Funke oder
unbewußter Datenspeicher?

Kabel

© 1990 Ernst Kabel Verlag GmbH, Hamburg
Umschlag: Theodor Bayer-Eynck
Gesamtherstellung: Clausen & Bosse, Leck
ISBN 3-8225-0144-1

Inhalt

Vorwort

Zu Beginn des Jahres 1989 berichteten süddeutsche Zeitungen über einen merkwürdigen Fall, der das Verwaltungsgericht München beschäftigte. Es ging dabei um eine 52jährige Frau, die angeblich über außergewöhnliche Heilkräfte verfügte und sich als Heilpraktikerin niederlassen wollte. Da sie allerdings dreimal durch die entsprechende Prüfung gefallen und vom zuständigen Amtsarzt mehrfach als »eine Gefahr für die Volksgesundheit« bezeichnet worden war, durfte sie den von ihr gewünschten Beruf nicht ausüben.

Ein Rechtsanwalt, den die Frau mit ihrer eigenen Methode erfolgreich behandelt hatte, war dagegen absolut von den durchaus »natürlichen Kräften« der Frau überzeugt. Der Advokat wollte seiner Mandantin dazu verhelfen, gegen den Widerstand des Amtsarztes praktizieren zu dürfen.

Der Anwalt hatte offenbar allen Grund, der Frau für ihre Hilfe dankbar zu sein. Wochenlang hatten Spezialisten einer süddeutschen Klinik versucht, hinter das Geheimnis einer rätselhaften Krankheit zu kommen, die das Leben des Anwalts bedrohte. Der Mann magerte zusehends ab, wurde fast blind und litt unter Lähmungen. Aber keine ärztliche Behandlungsform zeigte irgendeinen Erfolg. Er habe noch etwa drei Wochen zu leben, erklärten die Ärzte schließlich den Verwandten des Anwalts und gaben die Behandlung auf.

Die Mutter des Anwalts war aber nicht bereit, sich mit diesem negativen Bescheid zufriedenzugeben. Sie bemühte sich bei anderen Ärzten sowie bei einigen Heilpraktikern um eine Weiterbehandlung, aber ebenfalls ohne Erfolg. In ihrer Verzweiflung rief sie bei einer Frau in einem benachbarten Ort an, von der es hieß, sie habe schon mehrere verblüffende Heilungserfolge mit der Methode des »Pendelns« erzielt. »Noch am Telefon pendelte sie und gab, wie sich später herausstellte, die richtige Diagnose ab«, erklärte der Anwalt den Verwaltungsrichtern. Nach den Angaben der Frau habe dann ein Apotheker ein Medikament hergestellt, eine ölige Essenz, die

Schlangengift enthielt und die Abwehrkräfte des Patienten wieder mobilisieren sollte.

Schon nach drei Tagen habe er wieder normal sehen, nach einer Woche wieder aufstehen können, berichtete der Rechtsanwalt. Als er zur Nachuntersuchung in die Klinik gekommen sei, habe der Stationsarzt nur staunend sagen können: »Das gibt es doch gar nicht!« Bei der Untersuchung habe sich dann herausgestellt, daß die rätselhafte Erkrankung durch eine Rinderseuche hervorgerufen worden war, die sich auch auf Menschen übertragen kann.

Mit dieser ungewöhnlichen Heilungs-Geschichte bemühte sich der Anwalt um den Nachweis, daß die Frau tatsächlich über eine natürliche Begabung verfüge, auch wenn sich die Schulmedizin diese noch nicht erklären könne. »Meine Mandantin ist eine einfache Frau, die mit lateinischen Fachausdrücken nicht zurechtkommt«, erläuterte er die Tatsache, daß die Frau bei der Prüfung für Heilpraktiker dreimal durchgefallen war. Da sie aber trotzdem immer wieder gebeten worden sei, kranken Menschen zu helfen, und dies gelegentlich auch getan habe, sei sie bereits wegen unerlaubter Ausübung der Heilkunde bestraft worden. Sie müsse also, nach geltendem Recht, tatenlos zusehen, wie Leute stürben, obwohl sie wisse, daß sie ihnen helfen könne, hielt der Anwalt den Richtern beschwörend vor Augen.

Obwohl einer der Richter sich daran erinnerte, daß in seinem Heimatort eine Chiropraktikerin mit Erfolg tätig war und von den Behörden offenkundig geduldet wurde, konnten sich die Münchner Verwaltungsrichter nicht dazu entschließen, die negativen Prüfungsergebnisse zu ignorieren und damit die bestehenden Gesetze zu übergehen. Die Klage wurde, mit Bedauern, abgewiesen.

Diese wahre Begebenheit ist nur eins von zahllosen Beispielen für Geschehnisse, die wir uns, wenigstens vorläufig noch, nicht mit Hilfe des Verstandes erklären können. Ziemlich ratlos müssen wir uns einstweilen mit Umschreibungen wie »übernatürliche Kräfte«, »sechster Sinn« oder »besonders ausgeprägte intuitive Fähigkeit« zufriedengeben.

Aber je mehr wir davon überzeugt sind, daß der menschliche Verstand seine Grenzen ständig ausweitet und den Schleier von vielem wegzieht, was jahrhundertelang als »Geheimnis der Natur« betrachtet wurde, desto stärker wird auch das Interesse für einen Bereich, den wir mit dem Begriff »Intuition« kennzeichnen – sei es, daß wir insgeheim sicher sind, diesen Bereich ebenfalls in absehbarer Zeit mit unserem Verstand aufklären zu können, oder sei es, daß wir genau das Gegenteil davon erhoffen oder befürchten: daß nämlich dieses Feld sich als resistent gegenüber dem menschlichen Begreifen erweist.

Intuition ist ein herausfordernd unklarer Begriff. Wir verstehen viel »darunter«, aber ihn selbst verstehen wir kaum. Der Intuition werden eine Menge positiver Merkmale zugeschrieben: Wir verstehen sie zum Beispiel als Einfühlungsvermögen, als Instinkt bei gefährlichen Situationen oder als Bestandteil der kreativen Begabung. Gelegentlich kann es allerdings auch zu Fehleinschätzungen über den Wert einer intuitiven Eingebung kommen, wie ein amüsantes Fallbeispiel zeigt, das Bertrand Russell in seinem Buch ›Die Philosophie des Abendlandes‹ zitiert:

Der Psychologe William James, der im vergangenen Jahrhundert das erste psychologische Forschungsinstitut in den USA gegründet hatte, berichtete über einen Patienten, der außergewöhnliche intuitive Erkenntnisse zu haben glaubte. Immer wenn dieser Mann mit Lachgas betäubt war, erkannte er das Geheimnis des Universums; aber sobald er wieder zu sich kam, hatte er es vergessen. Schließlich konnte er sich, mit einer außergewöhnlichen Willensanstrengung, dazu zwingen, das Geheimnis aufzuschreiben, bevor sich seine Erleuchtung wieder verflüchtigte. Als er wieder im vollen Besitz seines Bewußtseins war, stürzte er sich sofort auf das, was er aufgeschrieben hatte. Es war der Satz: »Hier riecht alles durchdringend nach Petroleum.«

Das war vor etwa hundert Jahren, und inzwischen ist man in der Beurteilung intuitiver Erkenntnisse etwas vorsichtiger geworden. Zwar wissen wir heute schon einiges mehr über dieses Thema, aber dennoch stellen sich immer noch viele grundlegende Fragen: Wie funktioniert Intuition, und – da sie doch nützlich zu sein scheint – kann man sie »trainieren«? Kann man lernen, fremde Personen »auf Anhieb« richtig einzuschätzen und Situationen »auf einen Blick« zu erfassen? Gibt es so etwas wie »Menschenkenntnis«, und wenn ja, ist das eine spezielle Begabung, oder ist sie jedem Menschen gleichermaßen gegeben? Intuition scheint ja eine Fähigkeit zu sein, die schon wirksam wird, bevor noch der Verstand in Aktion getreten ist – wird diese Fähigkeit im Laufe des Lebens durch Erfahrung erworben oder ist sie angeboren? Solchen und vielen anderen Fragen geht dieses Buch nach. Dabei wird versucht, einen zusammenfassenden Überblick über alle die Bereiche zu geben, auf denen die »Tätigkeit« der Intuition wahrgenommen werden kann. Zu diesen Bereichen gehört die künstlerische »Inspiration« ebenso wie die Telepathie, das mystische »Erleuchtungs«-Erlebnis ebenso wie die zen-buddhistische Kunst des Bogenschießens. Intuition war beteiligt, wenn an die biblischen Propheten ein »Ruf« erging, und sie ist auch heute im Spiel, wenn es um »Beruf« oder »Berufung« geht. Entdeckungen und Erfindungen sind ohne Intuition nicht denkbar, und »Sympathie« wie »Antipathie« hängen eng mit Intuition zusammen. Wie sich Philosophie, Psychoanalyse und moderne Naturwissenschaft mit dem Thema Intuition auseinandersetzen, ist ebenso Gegenstand des Buches wie die Frage nach der Möglichkeit einer kreativen Erziehung.

Außer der Beschreibung von Funktion und Nutzen der Intuition für den einzelnen, möchte das Buch nicht zuletzt einen Hinweis darauf geben, wie man die eigene Intuition nicht nur für sich selber, sondern auch zugunsten anderer wirksam einsetzen kann.

Annäherung an ein
schwer greifbares Thema

Wie beschreibt man Intuition?

Intuition ist ein Phänomen mit vielen Gesichtern. Wir sprechen von »Ahnung« und von »unterschwelliger Wahrnehmung«, von »Vorauswissen« und von »instinktiver Reaktion«. Wir gestehen einem »sensiblen« Menschen ein besonders gutes »Einfühlungsvermögen« zu und attestieren einer erfolgreichen Tennisspielerin eine hochentwickelte »Antizipationsfähigkeit«, womit wir ausdrücken wollen, daß sie immer schon »im voraus weiß«, wohin ihre Gegnerin den nächsten Ball schlagen wird.

Ganz selbstverständlich benutzen wir auch Begriffe wie: kreativer Einfall, Inspiration, zündende Idee, Geistesblitz oder plötzliche Eingebung. Wir behaupten, einen »guten Riecher« für die Einschätzung von fremden Menschen zu haben, können »spüren, was in der Luft liegt«, erleben »Gedankenübertragung« und empfinden mehr oder weniger deutlich, ob in einem Kreis von Personen eine »gute Atmosphäre« oder eine »unbehagliche Stimmung« herrscht.

Alle diese Begriffe und alltäglichen Redewendungen haben auf irgendeine Weise mit »Intuition« zu tun. Aber was bedeutet »irgendeine Weise«? Was verbindet alle diese Formulierungen miteinander? Läßt sich Intuition überhaupt auf einen einzigen, eindeutigen Nenner bringen?

Auf der Suche nach einer genaueren Definition fallen zunächst einige Merkmale auf, die mit Intuition in Verbindung gebracht werden und vielleicht zu einer Klärung des Begriffs beitragen können. Intuition scheint etwas Positives zu sein – wer als besonders intuitiv gilt, hat anderen offenbar etwas voraus. Das kann sowohl für das private als auch für das berufliche Leben zutreffen. Wer sich in eine Situation schnell einfühlen kann, wird daraus für sich einen Vorteil ableiten können. Wer ein Gegenüber richtig einschätzen kann, ist in einer günstigen Ausgangsposition für ein privates Gespräch, eine diplomatische Verhandlung oder einen kaufmännischen Vertragsabschluß.

Aber auch bei der Lösung anderer Fragen kann Intuition hilfreich sein. Man kann ihr sogar den Boden bereiten, indem man sich ihr einfach versuchsweise anvertraut.

»Den ersten Satz schreibe ich auf, und für den zweiten überlasse ich mich dem Allmächtigen«, definierte der englische Schriftsteller Laurence Sterne kurz und heiter seinen intuitiven Arbeitsstil. Eingehender beschrieb der deutsche Dichter Heinrich von Kleist den inneren Produktionsvorgang:

»Wenn du etwas wissen willst und es durch Meditation nicht finden kannst, so rate ich dir, mein lieber, sinnreicher Freund, mit dem nächsten Bekannten, der dir aufstößt, darüber zu sprechen. Es braucht nicht eben ein scharfdenkender Kopf zu sein, auch meine ich es nicht so, als ob du ihn darum befragen solltest, nein! Vielmehr sollst du es ihm selber allererst erzählen.«

Eindrucksvoll schildert Kleist in seiner berühmten Abhandlung ›Über die allmähliche Verfertigung der Gedanken beim Reden‹, wie stark schon die bloße Gegenwart eines anderen Menschen die eigenen Gedanken lenkt und wie die eigene Ausdrucksform dadurch beeinflußt wird, daß man die manchmal kaum bewußt wahrgenommene Mimik oder Gestik des Zuhörers intuitiv deutet. Kleist, der damals die Dichtkunst zeitweise aufgegeben hatte und in den Staatsdienst in Königsberg zurückgekehrt war, schreibt darüber an einen Freund: »Oft sitze ich an meinem Geschäftstisch über den Akten und erforsche in einer verwickelten Streitsache den Gesichtspunkt, aus welchem sie wohl zu beurteilen sein möchte...

Und siehe da, wenn ich mit meiner Schwester davon rede..., so erfahre ich, was ich durch ein vielleicht stundenlanges Brüten nicht herausgebracht haben würde. Nicht, als ob sie es mir im eigentlichen Sinne *sagte*... Auch nicht, als ob sie mich durch geschickte Fragen auf den Punkt hinführte, auf welchen es ankommt.«

Da er aber ja eine dunkle Vorstellung habe, wohin er seine

Gedanken lenken müsse, fange er einfach an zu reden und stelle dabei fest, daß seine Vorstellung immer deutlicher werde. Die Aufmerksamkeit eines Zuhörers wirkt dabei äußerst anregend. Zusätzlich wendet Kleist dabei noch eine unterstützende Methode an: »Ich mische unartikulierte Töne ein, ziehe die Verbindungswörter in die Länge... und bediene mich anderer, die Rede ausdehnender Kunstgriffe... Dabei ist nichts heilsamer als eine Bewegung meiner Schwester, als ob sie mich unterbrechen wollte; denn mein ohnehin schon angestrengtes Gemüt wird durch diesen Versuch von außen... nur noch mehr erregt und in seiner Fähigkeit... noch um einen Grad höher gespannt.«

Ein Gesicht, das man sich gegenübersieht, oder ein Blick, der anzeigt, daß ein erst halb ausgesprochener Satz verstanden worden ist, gibt, nicht nur nach Kleists Erfahrung, dem Sprechenden oft den richtigen Ausdruck für das weitere ein, das er formulieren möchte. Mancher große Redner, so glaubt Kleist, habe in dem Moment, da er den Mund aufmachte, noch nicht genau gewußt, was er sagen würde. Aber die Überzeugung, daß die Erwartung seiner Zuhörer und seine daraus resultierende Erregung ihm schon die geeigneten Worte eingeben würden, machten ihm Mut, einfach anzufangen.

Wie verläßlich ist Intuition?

Kleist konnte sich also offenbar auf seine Intuition verlassen. Sie ermöglichte ihm, die Reaktionen eines anderen Menschen aus dessen Mimik oder Körpersprache abzulesen und diese Wahrnehmung als Anstoß dafür zu benutzen, aus einer »dunklen« Vorstellung eine klar verständliche Rede zu entwickeln.

Aber wie verläßlich ist Intuition im allgemeinen? Manchmal ganz erstaunlich, wie man bei alltäglichen Erlebnissen feststellen kann. Jemand, der beispielsweise auf der Straße spazierengeht, hat plötzlich, intuitiv, das bestimmte Gefühl, beobachtet zu werden. Das wäre nicht weiter überraschend, wenn es sich um eine belebte Straße mit vielen Passanten und

Autoverkehr handelt. In einem solchen Fall wird man ganz sicher von mehreren Menschen wahrgenommen, flüchtig angesehen, abschätzig gemustert, blitzschnell eingeschätzt oder ganz einfach als Störfaktor betrachtet, dem man ausweichen muß, um nicht mit ihm zusammenzustoßen. Um diese kurzen Blicke festzustellen, dazu bedarf es keiner Intuition. Sie können als selbstverständlich vorausgesetzt werden, so wie man selber ebenfalls andere Leute auf der Straße mit einem kurzen Blick wahrnimmt.

Aber dieses vage Gefühl, sich ständig inmitten einer von schnellen Blicken erfüllten Atmosphäre zu bewegen, unterscheidet sich von den Momenten, in denen wir zum Beispiel »im Rücken« die Empfindung haben, von einem ganz bestimmten Blick fixiert zu werden. Dabei kann es vorkommen, daß wir uns wie unter einem Zwang umdrehen und jemandem in die Augen sehen, der uns tatsächlich aus irgendeinem Grund betrachtet hat. Es kann auch sein, daß wir einige Tage später einem Bekannten begegnen, der uns lachend erzählt, er habe uns »neulich vom Auto aus« gesehen, aber wir hätten das anscheinend gar nicht gemerkt.

Intuition – ein sechster Sinn?

Auch von diesem Gefühl ist im Zusammenhang mit Intuition die Rede. Sehr häufig ist mit dieser Empfindung ein Moment der Gewißheit verbunden – wir »könnten schwören«, daß uns jemand mit Blicken gefolgt ist, wir haben es »gleich gewußt«, daß mit jemandem etwas nicht stimmte, es war uns »irgendwie von Anfang an klar«, daß eine Sache schiefgehen mußte.

Bei Intuition scheint es sich also um eine Fähigkeit zu handeln, die schon wirksam ist, bevor sich noch Verstand und logische Überlegung einschalten. Intuitive Wahrnehmung wird oft auch als ein vermeintlicher »sechster Sinn« betrachtet, als ein besonderes »Gespür«, das unabhängig von unserem Willen funktioniert.

Auf diesen »sechsten Sinn« wird in einem der folgenden

Kapitel noch ausführlich eingegangen. Hier soll zunächst einmal festgehalten werden, daß ein solches »Gespür« nicht nur positiv bewertet wird. Denn man kann mit ihm im allgemeinen nicht allzuviel anfangen, weil man es nicht bewußt steuern kann. Es ist oft eher ein irritierendes Gefühl, von dem man sich plötzlich überfallen fühlt und aus dessen Existenz man kaum Konsequenzen ziehen kann, weil man nicht weiß, ob und wann es wieder auftauchen wird.

Dazu ein erlebtes Beispiel:

Eine Frau berichtet, daß sie eines Mittags in ihrer Küche stand und Geschirr in den Schrank räumte. Während dieser Arbeit dachte sie unvermittelt an einen ihrer Nachbarn, einen freundlichen, älteren Pfarrer, mit dem sie gelegentlich auf der Straße einige persönliche Worte wechselte. Obwohl sie keine enge Beziehung zur Kirche und zum christlichen Glauben hatte, fand sie den Pfarrer, wahrscheinlich wegen seiner unpastoralen Art, sympathisch. Er hatte einen sensiblen Gesichtsausdruck, der Einfühlsamkeit und vielleicht auch künstlerisches Interesse vermuten ließ. Einmal hatte er ihr erzählt, daß er gern in die Oper ginge.

Während die Frau nun in der Küche arbeitete, sah sie plötzlich ganz deutlich den Kopf dieses Mannes auf einem Kissen liegen, das Gesicht bleich und eingefallen, die Augen geschlossen. Dieser kurze, unvermutete Anblick erschreckte sie verständlicherweise, und unwillkürlich trat sie ans Fenster und sah zum benachbarten Pfarrhaus hinüber, wo aber niemand zu sehen war. Nachdenklich und betroffen ging sie weiter ihrer Arbeit nach; im Laufe der nächsten Stunden vergaß sie dann ihre merkwürdige »Vision«.

Am Nachmittag desselben Tages, als die Frau mit einer anderen Arbeit beschäftigt war, sah sie bei einem zufälligen Blick aus dem Fenster, wie sich drüben vor dem Pfarrhaus eine schwarze Limousine in Bewegung setzte. Sofort fiel ihr das Bild wieder ein, daß sie mittags in der Küche vor sich gesehen hatte. Der schwarze Wagen konnte, davon war sie sofort überzeugt, nur mit dem Pfarrer zu tun haben. Sie kannte die alte Haushälterin des Pfarrers nicht persönlich und wollte deshalb nicht aus Neugier dort anrufen und nach dem Befinden des Pfarrers fragen. Aber sie war auch kaum noch erstaunt, als sie abends von einer anderen Nachbarin erfuhr, daß der freundliche Pfarrer von nebenan ganz plötzlich gestorben sei. Er habe sich nach dem Mittagessen wie immer ein wenig schlafengelegt und sei nicht wieder aufgewacht.

Sind Frauen intuitiver als Männer?

Solche »visionären« Erlebnisse werden im allgemeinen eher von Frauen als von Männern mitgeteilt. Haben Männer derartige Erlebnisse nicht, oder sprechen sie nur nicht darüber? Zumindest schreibt man Frauen öfter als Männern einen vertrauten Umgang mit »Ahnungen«, spontanen Eingebungen und »verrückten Ideen« zu. Intuitives Verhalten, so wird gern pauschal behauptet, sei eine vorwiegend weibliche Eigenheit. Im Gegensatz zur »männlichen Logik«, so heißt es, neigen Frauen mehr dazu, sich auf vage Gefühle einzulassen, unkontrollierten Empfindungen zu vertrauen und häufig »irrational« zu handeln.

Ob diese Unterstellungen sich durch wissenschaftliche Überprüfung bestätigen oder widerlegen lassen, darauf wird später noch genauer eingegangen. Da im Laufe der Geschichte auch einige männliche »Hellseher« von sich reden gemacht haben (auch wenn es sich dabei oft um Scharlatanerie gehandelt hat), stellt sich die grundsätzliche Frage, ob es im menschlichen Gehirn eine spezielle Disposition für derartige Fähigkeiten gibt und ob diese Anlage zahlenmäßig eher dem weiblichen als dem männlichen Bevölkerungsteil zugesprochen werden kann.

Immerhin ist hieraus erkennbar, daß Intuition nicht nur als etwas Nützliches betrachtet wird, sondern auch ein beunruhigendes Moment enthält, weil sie sich dem Zugriff des Verstandes entzieht, kaum kontrollierbar ist und nicht einfach bei Bedarf willentlich hervorgerufen werden kann.

Doch selbst wenn Intuition, zumindest bis in die Mitte unseres Jahrhunderts hinein, als »weiblich« gegolten haben mag, wurde sie den Männern nie völlig abgesprochen. Für künstlerisch Tätige scheint sie sogar unverzichtbar zu sein. Denn die »Muse«, Symbolfigur der schöpferischen Inspiration, war immer untrennbar mit der Intuition, der inneren Anschauung, verbunden. Frauen wurde die Intuition mehr im Hinblick auf Haushalt und Familie zugestanden. Als Beleg dafür wurde meist (und wird oft auch heute noch) der Erfindungsreichtum vieler Frauen am Küchenherd sowie ein »diplomatisches Geschick« bei familiären Auseinandersetzungen und beim Zustandebringen einer »heimeligen Atmosphäre« angeführt.

Diese traditionelle Perspektive ist mittlerweile aber bekanntlich im Wandel begriffen. Viele Frauen nehmen inzwischen berufliche Positionen ein, die früher Männern vorbehalten waren – Frauen werden Politikerinnen, Managerinnen, Computer-Expertinnen, Dirigentinnen. Andererseits beginnen Männer zu begreifen, daß manche bislang für »typisch weiblich« gehaltene Eigenschaften, wie beispielsweise die Intuition (wozu auch Einfühlungsvermögen, Taktgefühl und menschliche Zuwendung gehören), im beruflichen wie im privaten Leben offenbar nicht ganz zu entbehren sind.

Neue Einstellung zur Intuition

In den letzten Jahren ist jedenfalls, das läßt sich aus der Fachliteratur wie aus den Massenmedien eindeutig ersehen, das Interesse an dem geheimnisvollen Phänomen »Intuition« auffallend gewachsen. Dies hat zu einer neuen, weniger voreingenommenen Einstellung gegenüber dieser noch immer ziemlich rätselhaften Wahrnehmungsart geführt.

Nicht nur Künstler, die man ohnehin mit unerklärlichen »Inspirationen« in Verbindung bringt, sondern auch bekannte Naturwissenschaftler und erfolgreiche Wirtschaftsfachleute scheuen sich heute kaum noch, zuzugeben, daß sehr oft »intuitive Einfälle« der eigentliche Schlüssel zu ihren Entdeckungen und ihrem beruflichen Aufstieg gewesen sind.

»So etwas wie eine logische Methode zum Erlangen neuer

Ideen gibt es nicht«, stellt der Philosoph Karl Popper zu diesem Thema kategorisch fest. »Jede Entdeckung enthält ein irrationales Element oder eine schöpferische Intuition.«

Auch manche Top-Manager, die eigentlich als kühl rechnende Köpfe gelten, gestehen unumwunden ein, daß sie sich sehr oft auf »Ahnungen« verlassen, um mit speziellen Problemen fertigzuwerden, die für eine rationale Analyse viel zu komplex sind. »Bis zu einem gewissen Grade habe ich mich immer von meinen Instinkten leiten lassen«, gibt Lee Iacocca, einer der erfolgreichsten Firmenmanager in Amerika, freimütig zu. »Natürlich hat man die Aufgabe, so viele relevante Fakten und Prognosen zu sammeln wie nur irgend möglich. Aber an einem bestimmten Punkt muß man den Sprung ins Ungewisse wagen. Erstens deshalb, weil die richtige Entscheidung falsch ist, wenn sie zu spät getroffen wird. Und zweitens, weil es in den meisten Fällen so etwas wie Gewißheit gar nicht gibt.«

An diesen Zitaten läßt sich bereits erkennen, daß Intuition heute keineswegs mehr als eine ausschließlich »weibliche« Eigenart abgetan wird. Intuition kann, wie die hier genannten Beispiele zeigen, zu Macht und Einfluß verhelfen. Diese Einsicht hat inzwischen dazu geführt, daß in vielen Firmen Kurse für kaufmännische Führungskräfte eingerichtet werden, in denen systematisch alles das eingeübt werden soll, was bislang als eher zufällige intuitive Begabung von einzelnen angesehen wurde: Menschenkenntnis, Einfühlungsvermögen, Verhandlungsgeschick, Führungstalent, Kreativität.

Intuition, philosophisch gesehen

Neue Ideen, so hatte der Philosoph Karl Popper formuliert, würden nicht durch eine »logische Methode« erlangt, sondern jede Entdeckung enthalte eine »schöpferische Intuition«.

Nicht nur im alltäglichen, sondern auch im philosophischen Sprachgebrauch bedeutet Intuition »eine unmittelbare Erfassung des Gegenstandes«, so, als ob man mit einem einzigen Blick eine Vielzahl von Gegenständen zu einer Einheit zusammenfasse. Intuitive Erkenntnis steht also im Gegensatz zur sogenannten »diskursiven« Erkenntnisart, die schrittweise vom einen zum nächsten Gegenstand gelangt.

Schon im klassischen Altertum, also in der Zeit zwischen dem fünften vorchristlichen und dem fünften nachchristlichen Jahrhundert, gab es eine deutliche Tendenz, das intuitive vom logischen oder diskursiven Erkennen streng zu trennen, so zum Beispiel bei dem neuplatonischen Philosophen Plotin, im 3. Jahrhundert nach Christus.

Plotin glaubte, daß nur im Bereich des rein Geistigen eine intuitive Erkenntnis möglich sei; alles welthafte, an greifbare Gegenstände gebundene Erkennen der menschlichen Seele sei zwangsläufig diskursiver Natur.

Daß die Intuition eine Erkenntnisart sei, die allein dem Geist zugeschrieben werden müsse, versuchte Plotin dadurch zu verdeutlichen, daß er auf die Verwandtschaft mit der einzigen vergleichbaren Wahrnehmungsart hinwies, nämlich auf das Sehen. Allerdings gestand Plotin sich ein, daß ein derartiger Vergleich eigentlich unzulässig sei. Denn es gibt, wie der Philosoph einräumte, entscheidende Punkte, an denen sich das sinnliche Sehen und das intuitive Erkennen unterscheiden: Die Seele verliert beim Akt des sinnlichen Sehens ihre Identität, weil sie sich an den betrachteten Gegenstand »veräußert«, während der Geist, nach Plotins Auffassung, alles zugleich denkt, wenn er sich denkt, weil er ja selbst alles ist. In Plotins Worten ausgedrückt, besitzt der Geist »durch die auf sich selbst gerichtete Intuition und dadurch, daß er sich selbst aktuell sieht, alles darin Eingeschlossene«.

Zwischen dem sinnlichen und dem geistigen Sehen gibt es aber noch einen weiteren Unterschied: Die Seele erkennt beim Anschauen eines sinnlich erfaßbaren Gegenstandes immer auch das Medium Licht mit; sie kann deshalb nicht in einer »schlagartigen Intuition« das Licht rein für sich sehen. Der Geist dagegen wird in der intuitiven Erkenntnis, die immer auch Selbsterkenntnis ist, »ein Licht schauen, das nicht an einem anderen ist, sondern das selbst für sich allein rein bei sich plötzlich in Erscheinung tritt«.

Eine kompliziert klingende Erklärung, die zeigt, wie mühsam das intuitive Erlebnis in logisch nachvollziehbare Worte zu bringen ist.

Das lateinische Wort »intuitio« als philosophischer Begriff wurde zum erstenmal bei der Übersetzung eines griechischen Textes benutzt, der von dem Philosophen Proclos stammte. Proclos ging von der Überzeugung aus, daß es eine letzte, höchste, absolute Wesenheit gebe, aus der alle Dinge hervorgehen und zu der alle Dinge wieder zurückstreben. Diese Vereinigung sei aber nur möglich durch eine Art intuitiver Anschauung, bei der Vernunft und logische Überlegung keinen Platz hätten.

Intuition als unmittelbares Erfassen des Ganzen

Für das, was wir heute unter »Intuition« verstehen, benutzte Proclos das griechische Wort »epibolé«. Dieses Wort bedeutete soviel wie intuitives Erkennen, nämlich das schlagartige geistige Erfassen des ganzen Erkenntnisgegenstandes, im Unterschied zu einer nur teilweisen Erkenntnis. Die höchste Stufe der Erkenntnis sei die, die »keine Methoden und Auflösungen oder Zusammensetzungen oder Teilungen oder Beweise in Anspruch nimmt, sondern einfache Intuitionen«, durch die das Betrachtete »in sich sichtbar« ist.

Auch nach Auffassung anderer antiker Denker besteht der Unterschied beider Erkenntnisarten darin, daß mit der Intuition die »einfachen Begriffe« erfaßt werden, während das diskursive, schlußfolgernde Denken von einem Begriff zum anderen fortschreitet, Begriffe also aneinandersetzt oder auch voneinander trennt. Gerade darin besteht aber eine Fehlerquelle: Irrtum entsteht bei der Synthese von einzelnen Teilen oder bei der Analyse eines Ganzen. Intuitives Erkennen dagegen, als unmittelbares Erfassen des Ganzen, kann sich nicht täuschen.

»Einfache Begriffe werden ohne eine Zusammensetzung oder Teilung des Geistes durch reine Anschauung erfaßt«, resümiert im sechsten Jahrhundert der römische Philosoph

Boethius in seinem berühmten Werk ›Trost der Philosophie‹. Seit dieser Zeit hat der Begriff »intuitio« als »reine Anschauung« einen festen Platz in der philosophischen und psychologischen Diskussion über den Unterschied zwischen den Erkenntnisarten.

Intuition ist seitdem von Philosophen wie Descartes, Spinoza, Leibniz und Kant eingehend behandelt worden und hat immer wieder zu Auseinandersetzungen und Neudefinitionen geführt. So kritisierte beispielsweise Schopenhauer, daß Kant »die anschauliche und die abstrakte Erkenntnis nicht gehörig gesondert hat, woraus eine heillose Konfusion entstanden« sei. Schopenhauer erklärte den Verstand zum Organ der unmittelbaren intuitiven Erkenntnis; von dort müsse ausgegangen werden, um das intuitiv Erkannte »in ein abstraktes Wissen, in die Reflexion zu bringen« und es dadurch mitteilbar zu machen.

Für Schopenhauer ist Intuition dem begrifflichen Denken überlegen. »Denn das Anschauen ist die ursprüngliche, von der tierischen Natur unzertrennliche Erkenntnisweise«, schreibt er in seiner ›Theorie des Lächerlichen‹, »in der sich alles, was dem Willen unmittelbares Genügen gibt, darstellt: es ist das Medium der Gegenwart, des Genusses und der Fröhlichkeit. Vom Denken gilt das Gegenteil: es ist die zweite Potenz des Erkennens, deren Ausübung stets einige, oft bedeutende Anstrengung erfordert und deren Begriffe es sind, welche sich so oft der Befriedigung unserer unmittelbaren Wünsche entgegenstellen, indem sie das Medium der Vergangenheit, der Zukunft und des Ernstes, das Vehikel unserer Befürchtungen, unserer Reue und aller unserer Sorgen abgeben.«

Unterschiedliche Bewertung der Intuition

Andere Denker, die in der Intuition den Prototyp des Unbewußten sahen, glaubten gerade in intuitiven Erkenntnissen und Urteilen die Gefahr des Irrtums zu erkennen, weil ja solche Erkenntnisse von anderen Menschen nicht oder kaum kontrolliert und nachvollzogen werden können.

Dagegen räumte der französische Philosoph Henri Bergson der Intuition in seiner Lebensphilosophie einen zentralen Platz ein. »Intuition«, so formuliert es Bergson, »ist diejenige Art von Sympathie, kraft deren man sich in das Innere eines Gegenstandes versetzt, um auf das zu treffen, was er an Einzigem und Unausdrückbarem besitzt.

Die Analyse dagegen ist das Verfahren, das den Gegenstand auf schon bekannte, also diesem und anderen Gegenständen gemeinsame Elemente zurückführt. Analysieren besteht demnach darin, ein Ding durch etwas auszudrücken, das nicht es selbst ist.« (Der Begriff ›Sympathie‹, den Bergson hier verwendet, wird von manchen Interpreten auch als ›intellektuelle Einfühlung‹ übersetzt.)

Als Beispiel führt Bergson die unterschiedlichen Möglichkeiten an, die Stadt Paris wahrzunehmen. Man kann die Stadt *begrifflich* erkennen, also einzelne Teile ihres äußeren Erscheinungsbildes nacheinander ansehen und zusammenfügen; man kann sie aber auch *intuitiv* erkennen, also als ein atmosphärisch dichtes Gesamtbild wahrnehmen, ohne dabei die Einzelteile gesondert zu betrachten.

Ebenfalls in unserem Jahrhundert hat auch die Psychoanalyse begonnen, sich mit dem Wesen der Intuition zu beschäftigen. Vor allem in der psychologischen Typenlehre von C. G. Jung spielt dieser Begriff eine wichtige Rolle, wie in einem späteren Kapitel noch ausführlich gezeigt wird. Die Intuition, so erklärt Jung, ist »weder Sinnesempfindung, noch Gefühl, noch intellektueller Schluß, obschon sie auch in diesen Formen auftreten kann. Bei der Intuition präsentiert sich irgendein Inhalt als fertiges Ganzes, ohne daß wir zunächst fähig wären, anzugeben oder herauszufinden, auf welche Weise dieser Inhalt zustandegekommen ist. Die Intuition ist eine Art instinktiven Erfassens, gleichviel welcher Inhalte.«

»Verstört vom Hören, bestürzt vom Sehen…«

Berufung der Propheten

Das Geheimnisvolle, anscheinend Unerklärbare der Intuition hat von jeher eine große Faszination ausgeübt. Jemand, der auf diesem Gebiet eine besondere Begabung zeigte, wurde von seiner Umgebung in hohem Maß respektiert und genoß eine Sonderstellung.

Berufe, in denen die Intuition, die man oft als göttliche Inspiration verstand, eine entscheidende Rolle spielte, waren im Altertum und bei Naturvölkern den »Auserwählten« vorbehalten: Propheten und Priestern, Medizinmännern und Schamanen wurde ein unmittelbarer Kontakt mit höheren Mächten zugeschrieben. Ihr Beruf war Berufung. Sie folgten einer inneren Stimme, einem »Ruf«, der ausdrücklich an sie persönlich gerichtet war und dem sie, ob sie wollten oder nicht, gehorchen mußten.

Über die Art und Weise, wie ein Prophet zu seinem Amt berufen wurde, gibt die Bibel anschaulich Auskunft. Intuitive »Gesichte« von künftigen Ereignissen offenbarten sich den Auserwählten manchmal in Träumen, oft aber auch am hellichten Tag.

Im Ersten Buch der Könige ist von einem alten Propheten die Rede, der während des Essens plötzlich eine göttliche Inspiration erhielt und seinem Gast einen baldigen gewaltsamen Tod voraussagte, der dann auch, ohne Zutun des Propheten, tatsächlich eintrat.

Viele Propheten hörten sich, bevor sie eine göttliche Offenbarung erlebten, beim Namen gerufen. So geschah es zum Beispiel dem jungen Samuel, der nachts von einem solchen Ruf erwachte und von Jahwe mit der Gabe der Weissagung ausgestattet wurde. Alles, was Samuel für die Zukunft voraussagte, traf ein. Und ganz Israel erkannte, so heißt es im Text weiter, »daß Samuel damit betraut war, Prophet des Herrn zu sein«.

Auf besonders dramatische Weise wird der Prophet Hesekiel in sein Amt berufen. »Die Hand des Herrn kam über ihn«, berichtet der Text; der Himmel tat sich auf, und Hesekiel sah »göttliche Gesichte«. Wie Blitze leuchtende, menschenähnliche Wesen mit vier Flügeln und vier Gesichtern trugen schwebend eine funkelnde Platte mit einem Thron darauf. Auf diesem saß eine strahlende Gestalt, und eine Stimme sprach zu Hesekiel: »Tue deinen Mund auf und iß, was ich dir gebe.« Eine ausgestreckte Hand hielt ihm eine Schriftrolle entgegen, die auf der Vorder- und auf der Rückseite mit »Klage und Ach und Wehe« beschrieben war. Und die Stimme sprach zu ihm: »Menschensohn, iß diese Rolle und gehe hin und rede zum Hause Israel.« Hesekiel nahm die Rolle in den Mund, und die Stimme gebot ihm: »Menschensohn, speise deinen Leib und fülle deine Eingeweide mit dieser Rolle, die ich dir gebe.« Hesekiel aß die Rolle, und sie wurde in seinem Mund »so süß wie Honig«.

Doch zunächst fühlte sich Hesekiel eher irritiert als erfreut über diese ungewöhnliche Berufung. Sieben Tage lang saß er wie betäubt auf der Erde, bevor er seinen Auftrag, das Volk Israel vor weiteren Sünden zu warnen, auszuführen begann.

Auch von anderen Propheten wurde der Empfang einer solchen Offenbarung nicht immer als Auszeichnung sogleich dankbar akzeptiert. Den Propheten Daniel verließen bei einem visionären Erlebnis alle Kräfte; sein »Antlitz verfärbte sich und ward entstellt«. Und Jesaja, dem »ein hartes Gesicht kundgetan« wurde, klagte nach einer kriegverheißenden Vision, seine Hüften seien »durchzuckt von Krämpfen«, und er empfinde Schmerzen »wie die Wehen einer Gebärenden«. »Verstört bin ich vom Hören, bestürzt vom Sehen«, klagt er, »mir taumeln die Sinne, Entsetzen hat mich befallen.«

Intuition als Auszeichnung

Wenn solche Visionen oder Inspirationen hier mit Intuitionen verglichen werden, so deshalb, weil diese Begriffe etwas Wesentliches miteinander gemeinsam haben: eine überfallartige

Eingebung, von der man nicht weiß (oder nur mit religiöser Überzeugung sagen kann), woher sie kommt. »Intuition«, vom lateinischen »intuitio« (Betrachtung, innere Anschauung), betont den Vorgang des Sehens, »Inspiration« (vom lateinischen »spiritus«, Hauch, abgeleitet) dagegen das geistige Element der religiösen, der künstlerischen oder auch der wissenschaftlichen Intuition. Beide sind der Kontrolle durch den Willen entzogen. Der vom Geist »Angehauchte« hat keinen Einfluß auf die Vision, den Traum oder das Hörerlebnis, das ihn in sein Amt ruft. Jahwe tritt unerwartet vor den Propheten, er kommt als Geist über ihn, ist als Stimme vernehmbar oder zeigt sich im Traum.

Wie unvermutet ein solches Erlebnis oft kommt und wie hilflos der Auserwählte sich dabei fühlt, deutet in der Bibel auch Eliphas, ein Freund Hiobs, an:

> »...zu mir stahl sich ein Wort,
> von ihm vernahm mein Ohr ein Flüstern,
> in Ängsten, bei nächtlichen Gesichten,
> wenn Tiefschlaf auf die Menschen fällt.
> Ein Schreck ergriff mich und ein Beben,
> alle meine Glieder ließ er erzittern;
> ein Hauch strich mir übers Gesicht,
> es sträubten sich mir die Haare am Leibe.
> Da stand – aber ich konnte sein Aussehen nicht erkennen
> – eine Gestalt war vor mir, ein leises Raunen hörte ich:
> ›Ist wohl ein Sterblicher vor Gott im Recht,
> oder ein Mensch rein vor seinem Schöpfer?‹«

Wenn solche Inspirationen auch mit Furcht und Zittern entgegengenommen werden, so nimmt der Betroffene wie auch seine Umgebung sie doch sehr bald als eine ungewöhnliche Auszeichnung wahr. Das damit verbundene »Charisma«, das göttliche Gnadengeschenk, braucht nicht ausschließlich in der Gabe der Weissagung zu bestehen. Es kann auch die Kraft zum Heilen oder aber die Fähigkeit zum sogenannten »Zungenreden« sein, die in einer Offenbarung dem Auserwählten verliehen wird.

Für dieses Sprechen in religiöser Ekstase – in einer Sprache,

27

die dem Sprecher selbst bis dahin unbekannt war und die sich den Zuhörern auf intuitivem Wege mitteilt, so daß diese »ahnen«, was gemeint ist – gibt die biblische Pfingstgeschichte das eindrucksvollste Beispiel:

Als die Apostel am Pfingstfest in einem Haus versammelt waren, hörten sie draußen »ein Brausen, wie wenn ein gewaltiger Wind daherfährt«. Auf einmal waren feurige Zungen zu sehen, die sich teilten und über den Männern schwebten. »Und sie wurden alle mit dem Heiligen Geist erfüllt«, heißt es dann, »und fingen an, in anderen Zungen zu reden, wie der Geist ihnen auszusprechen gab.« Und obgleich die Apostel eher einfache Männer und keineswegs besonders fremdsprachenkundig waren, wurde das, was sie sagten, von den Angehörigen der verschiedenen Volksstämme, die draußen zuhörten, offenbar intuitiv verstanden.

Schamanismus – Technik der Ekstase

Ähnlich dramatisch wie die Berufung mancher biblischer Propheten verläuft, nach Schilderungen von Ethnologen, oft auch die Berufung von Schamanen bei vielen Naturvölkern. Trance-Zustände, Krämpfe und aufwühlende Träume sind häufig die Begleiterscheinungen einer Inspiration, die durch Götter oder durch die Geister der Ahnen bewirkt wird.

Die Berufung zum Schamanen gilt als verpflichtend – wie ein biblischer Prophet, so kann sich auch ein Schamane dem höheren Auftrag nicht entziehen. Bei manchen sogenannt primitiven Stämmen in Zentralasien werden schon Kinder von den Ahnengeistern heimgesucht. Das zeigt sich nach Auffassung des Stammes daran, daß sie im Schlaf häufig weinen und bei Tage nervös wirken. Solche Kinder werden, wenn sie dreizehn Jahre alt sind, zu Schamanen geweiht und mit Rauschmitteln, Tänzen und ohrenbetäubendem Lärm in tranceähnliche oder ekstatische Zustände versetzt.

Schamanen bei Naturvölkern zeichnen sich innerhalb ihrer Gemeinschaft durch bestimmte Merkmale aus, die sich mit denen der christlichen Heiligen, Mystiker oder Propheten vergleichen lassen. Sie gelten als Auserwählte, die zu einem Bereich des Heiligen Zutritt haben, der allen anderen verschlossen ist. Besonders geeignet für den künftigen Schamanenberuf sind kränkliche, grüblerische, einzelgängerische Kinder, vor allem solche, die gelegentlich epileptische Anfälle erleben. Denn die Epilepsie, die als Ausdruck einer Ekstase betrachtet wird, gilt als »heilige Krankheit«.

Der Religionshistoriker Mircea Eliade bezeichnet Schamanen als »Seelenspezialisten«. Sie können Medizinmänner, Priester, aber auch Künstler sein. Sie sind in der Lage, sich in ekstatische Zustände zu versetzen und dann mit Göttern und Geistern Kontakt aufzunehmen. Ihre Seele kann sich zeitweise vom Körper trennen und unternimmt dann ausgedehnte Himmel- und Unterweltfahrten. In Träumen und Visionen werden Schamanen von den Göttern über die Zukunft belehrt, und diese göttlichen Unterweisungen werden an den Stamm weitergegeben.

Eine solche Empfänglichkeit für Botschaften aus dem Jenseits, von Göttern oder Ahnen, setzt eine Art von Gläubigkeit voraus, die einem »aufgeklärten« Menschen kindlich-naiv und logisch nicht nachvollziehbar vorkommt. Sie läßt an »Wunderheilungen« und »Erscheinungen« im christlichen Bereich denken, die nur geglaubt werden können (oder auch nicht) und denen mit Logik ebenfalls nicht beizukommen ist. Sowohl die mediale Person, die die Inspiration erfährt, als auch die Gesellschaft, der diese Offenbarung mitgeteilt wird, scheinen logische Schlußfolgerungen und kausales Denken nicht zu kennen oder nicht kennen zu wollen.

Abneigung gegen logisches Denken

Intuition, »innere Stimmen«, Inspiration bedürfen offenbar einer besonderen Aufnahmebereitschaft, eines bestimmten geistigen Zustandes, um zur Wirkung zu kommen. Ekstatische und Trance-Erlebnisse hat meist nur derjenige, der die Inspiration erfährt. Aber auch die Umgebung muß ja innerlich bereit sein, den Inhalt einer Offenbarung zu akzeptieren und daraus Konsequenzen zu ziehen – sei es, daß es sich dabei um göttliche Hinweise zur Behandlung von Kranken oder um Anleitungen zur sachgemäßen Bewirtschaftung von Feldern handelt.

Eine Erklärung für diese Bereitschaft bei Naturvölkern, solchen Inspirationen zu trauen, gibt der Ethnologe Lucien Lévy-Bruhl. Bei seinen Untersuchungen der Denkgewohnheiten von Naturvölkern ist ihm, wie vielen anderen Forschern, immer wieder aufgefallen, daß diese Völker (zumindest vor ihrer näheren Berührung mit Weißen) eine auffallende Abneigung gegen das verstandesmäßige Denken haben. Lévy-Bruhl spricht ausdrücklich von Abneigung, nicht von Unvermögen. Die Naturvölker scheinen das logische, diskursive Denken zwar durchaus zu verstehen, wenn es ihnen von Weißen »vorgedacht« wird. Aber in ihren üblichen Denkgewohnheiten hat Logik anscheinend keinen Platz.

Diese Erfahrung machten zuerst die christlichen Missionare in Nordostamerika, die versuchten, Indianerstämme zum Christentum zu überzeugen. »Man muß annehmen«, heißt es in einem Bericht von Jesuiten aus dem siebzehnten Jahrhundert, »daß die Irokesen zu vernünftigem Denken unfähig sind, im Gegensatz zu den Chinesen und anderen gesitteten Völkern, denen man den Glauben und die Existenz Gottes beweisen kann. Die Irokesen sind Vernunftgründen unzugänglich... Sie glauben im allgemeinen nur, was sie sehen...« Daher müsse man, weil es den Indianern ja an entsprechender Gesittung fehle, gröbere und handgreiflichere Mittel anwenden, um auf ihren Geist einzuwirken, fährt der Bericht fort. Obwohl es durchaus unter den Indianern viele »wissenschaftlich befähigte Köpfe« gebe, habe ihre Erziehung und die ständige Sorge um ihren Lebensunterhalt dazu geführt, daß ihr Denken ausschließlich um ihren Gesundheitszustand und ihre Jagderfolge kreise. Diesen Bedürfnissen entspreche auch ihr Aberglaube und das Bild, das sie sich von ihren Göttern machen.

Ähnliches berichtet ein Missionar im achtzehnten Jahrhundert über die Einwohner von Grönland, die man zwar »als einfältig, aber nicht als dumm« bezeichnen könne. Sie besäßen gesunden Menschenverstand und zeigten außerordentlich viel Erfindungsgeist, wenn es um ganz konkrete Dinge gehe, die mit dem täglichen Lebensunterhalt zu tun hätten. Aber logisch denken und folgern könnten sie nicht – jedenfalls beherrschten sie nicht die Kunst, einer Überlegung zu folgen, die auch nur im geringsten abstrakt sei. Geistige Handlungen hingen bei ihnen immer nur mit materiellen Zielen zusammen. »Gedanken« im eigentlichen Sinne aber machten sich die Grönländer, nach Auffassung der Missionare, nicht.

Der Polarforscher Rasmussen, der lange unter Eskimos gelebt hatte, machte sogar die Erfahrung, daß »Gedanken« bei seinen Gastgebern mit »Langeweile« oder sogar »Kummer« gleichgesetzt wurden. Eskimos, so glaubte er feststellen zu können, denken, wenn sie denken, ausschließlich an Walfang, Jagd und Essen. »Woran denkst du?« fragte er eines Tages einen Eskimo, der sich von der Jagd ausruhte und in Gedanken vertieft zu sein schien. Der Eskimo lachte ihn wegen dieser Frage, die er als »typisch für Weiße« ansah, aus und antwortete: »Wir Eskimos denken nur an unsere Fleischverstecke für die langen Winternächte… Wenn genug Fleisch da ist, brauchen wir nicht mehr zu denken. Und ich habe mehr Fleisch als ich brauche.«

Rasmussen hatte den Eindruck, er habe seinen Gesprächspartner mit seiner Frage nach »Gedanken« fast beleidigt.

Abstrakte Gedankenspiele, die in industrialisierten Gesellschaften so selbstverständlich sind, kommen bei Naturvölkern nicht vor. Nach Kausalzusammenhängen wird nicht gefragt. Das liegt, wie viele Forscher nachgewiesen haben, daran, daß sich der sogenannte »primitive« Mensch in einem weitverzweigten System von Beziehungen empfindet, die von unsichtbaren Mächten geknüpft worden sind und die seine Aufmerksamkeit voll in Anspruch nehmen. Wenn etwas Ungewöhnliches geschieht, denkt der Naturmensch nicht an eine mögliche Erklärung dafür, sondern an eine geheimnisvolle Kraft, die dieses Ungewöhnliche bewirkt hat.

Mystische Denkweise

»Die primitive Mentalität beschäftigt sich, wie die unsere, mit den Ursachen der Geschehnisse. Aber sie sucht sie nicht in derselben Richtung«, erklärt der französische Ethnologe L. Lévy-Bruhl (der im übrigen das Wort »primitiv« keinesfalls negativ verstanden wissen möchte). »Sie lebt in einer Welt, in der unzählige okkulte Mächte überall gegenwärtig und stets handelnd oder handlungsbereit sind... Tritt der Regen gerade in einem Augenblick ein, in dem die Felder dringend Wasser gebrauchten? Dann sind die Ahnen und die Geister des Ortes zufrieden und bezeugen so ihr Wohlwollen. Wenn die andauernde Dürre die Ernte versengt und das Vieh umkommen läßt, so ist vielleicht ein Tabu verletzt worden, oder ein Ahne fühlt sich beleidigt, und man muß seinen Zorn beschwichtigen... Mit einem Wort: Die sichtbare und die unsichtbare Welt machen nur eine aus, und die Ereignisse in der sichtbaren Welt hängen jeden Augenblick von den Kräften der anderen ab. Deswegen nehmen im Leben der Naturmenschen die Träume einen so großen Raum ein...«

Was Lévy-Bruhl über die Mentalität der Naturvölker herausgefunden hat, gibt sehr viel Aufschluß über die Vorbedingungen für intuitives Verhalten. Viele sogenannt primitive Völker haben ein sehr geringes Bedürfnis nach kausalen Erklärungen und zeigen überhaupt wenig Interesse daran, zu erfahren, wie etwas zustandegekommen ist. Aber dieser Anschein von Teilnahmslosigkeit trügt. Er verführt Beobachter aus technisch zivilisierten Ländern leicht zu der irrigen Annahme, Naturvölker seien eben primitiv, stumpf und dumm.

Der Fehler liegt darin, daß westlich erzogene Beobachter den Naturmenschen automatisch die gleichen Bedürfnisse unterstellen, die sie bei sich selbst vorfinden, also auch das Bedürfnis, die Welt auf logische Weise zu erklären. Dieses Bedürfnis, so Lévy-Bruhl, besteht aber bei vielen Naturvölkern überhaupt nicht. Es braucht auch nicht zu bestehen, weil diese Völker bereits in ihrer Mentalität eine Antwort gefunden haben, so daß sie keine weitere zu suchen brauchen. Und diese Mentalität ist ihrem Wesen nach »mystisch und prälogisch«, wie Lévy-Bruhl es definiert.

Die sogenannt primitive Mentalität ist auf andere Gegenstände gerichtet als unsere eigene, und sie gelangt auf anderen Wegen dorthin als unser logisch denkender Geist. So haben beispielsweise Magie und Weissagung für Naturvölker eine elementare Bedeutung; wir dagegen müssen unserem Intellekt förmlich Gewalt antun, um uns auf etwas so »Irrationales«, kaum Nachprüfbares einzulassen.

Die Tatsache, daß Naturmenschen in vieler Hinsicht genauso empfinden und genauso handeln wie Menschen aus technisierten Gesellschaften, darf also nicht ohne weiteres zu dem Schluß führen, sie dächten auch genau auf die gleiche Weise. Andererseits verstehen es Naturvölker, die sich offenkundig nicht für Kausalzusammenhänge interessieren, dennoch sehr gut, sich dieser Zusammenhänge zu bedienen, wenn es nützlich zu sein scheint, zum Beispiel, wenn es um Nahrung oder um irgendein Werkzeug geht. Ein Beweis dafür sind die zahlreichen praktischen Erfindungen und künstlerischen Erzeugnisse vieler Naturvölker. Obwohl der Mechanismus der Erfindung schon für unsere Gesellschaften wenig bekannt und für die der primitiven Völker womöglich noch unbekannter ist, zeigt sich Lévy-Bruhl davon überzeugt, daß Erfindungen bei Naturvölkern nicht aus logischer Überlegung oder vernunftmäßigen Schlüssen abgeleitet werden. »Es ist«, schreibt er, »eine Art Intuition, die ihnen die Hand führt und selbst von einer scharfen Beobachtung für Gegenstände geleitet wird, die ein besonderes Interesse für sie besitzen. Damit kommt man schon weit. Die feine und geschickte Anordnung von Mitteln, die einem bestimmten Zweck angepaßt sind, schließt nicht unbedingt eine überlegte Verstandestätigkeit oder den Besitz eines Wissens ein, das fähig wäre, sich zu analysieren, zu generalisieren und sich unvorhergesehenen Fällen anzupassen. Es kann sich einfach um eine praktische Geschicklichkeit handeln, die durch Übung entwickelt, gebildet und bewahrt bleibt und die der eines guten Billardspielers vergleichbar ist, der kein Wort von Geometrie oder Mechanik versteht und keine Überlegung braucht, weil er die schnelle und zuverlässige Intuition der auszuführenden Bewegung für jede gegebene Stellung der Kugeln erworben hat.«

Wie fein dieser intuitive Sinn bei vielen Naturvölkern ausgebildet ist, belegt Lévy-Bruhl mit eigenen Beobachtungen sowie mit denen vieler anderer Ethnologen. Zum Beispiel seien Angehörige bestimmter Indianerstämme Brasiliens in der Lage, alle Arten und sogar Abarten von Palmen zu unterscheiden und hätten für jede einen Namen. Australische Buschmänner könnten die persönliche Spur von jedem Mitglied ihrer Gruppe identifizieren. Und zu allen Bereichen, in denen auch der zivilisierte Mensch zwangsläufig seine Intuition zu Hilfe nehmen muß, um eine Situation richtig zu deuten – etwa am Gesicht eines Menschen dessen kaum merkliche Stimmung zutreffend abzulesen –, sind nach Berichten von Forschern viele Naturmenschen den logisch denkenden Zivilisierten oft voraus.

Ein fast unfehlbarer »Gefühlssinn«

Daß Naturmenschen oft bessere Psychologen und Physiognomiker sind als sogenannt gebildete Menschen aus zivilisierten Ländern, erklärt Lévy-Bruhl mit einem »besonderen Gefühlssinn«, von dem Naturvölker geleitet werden. Dieser Sinn, der der Intuition entspricht, entwickelt und verfeinert sich durch Erfahrung und kann fast unfehlbar werden, ohne daß er irgend etwas mit Denkoperationen in unserem Sinne zu tun hätte. Um so auffälliger ist dann, daß Naturvölker mit einer so offensichtlichen Begabung andererseits für logische Gedankenverbindungen keine Neigung haben, so daß voreilige Beobachter sie als stumpfsinnig ansehen.

Die Lösung dieses scheinbaren Widerspruchs sieht Lévy-Bruhl im mystischen und prälogischen Charakter der Mentalität von Naturvölkern. Unser logisches Denken fühlt sich gegenüber diesem fremdartigen Empfinden, in dem okkulte Kräfte, Zauber und mystische Handlungen eine beherrschende Rolle spielen, einerseits weit überlegen, zum Teil aber auch unbehaglich. Daß es Menschen gibt, die sich nicht für den Zusammenhang von Ursache und Wirkung interessieren, die nicht linear und folgerichtig denken, die keine Zukunftsvorstellungen haben, weil sie die Zeit, die vor ihnen liegt, nicht wie wir als eine ins Unendliche gehende Linie begreifen – daß es solche Menschen gibt, verwirrt uns oder gibt uns das trügerische Gefühl von Überlegenheit.

Um zu zeigen, was unter »mystischer und prälogischer« Mentalität zu verstehen ist, zitiert Lévy-Bruhl viele Erlebnisse, die andere Forscher oder auch Missionare bei Naturvölkern gehabt und ihrem jeweiligen Vorverständnis entsprechend gedeutet haben.

Den ersten in Südafrika tätigen Missionaren im vergangenen Jahrhundert war immer wieder der Mangel an Ernst und das Fehlen jeder Nachdenklichkeit bei den von ihnen besuchten Stämmen aufgefallen. Die Eingeborenen glaubten nur, was sie sahen, und interessierten sich nur für Tiere und Frauen, berichtete ein Missionar im Jahre 1848. »Bei diesen Leuten ist das Denkvermögen sozusagen tot oder zumindest kann es sich fast niemals über das Irdische erheben... es sind grobschlächtige Menschen, die den Bauch zu ihrem Gott machen.«

Differenzierter urteilte ein Forscher über australische Buschmänner: »Menschen von europäischer Bildung können sich kaum eine Vorstellung von dem machen, was sie ›Dummheit der Wilden‹ nennen würden, nämlich in allem, was über die einfachsten Ideen und die elementarsten Begriffe hinausgeht, sei es vom psychischen oder vom moralischen Gesichtspunkt. Aber die Sache steht so: ihr Leben enthält so wenig Zwischenfälle, ihre Beschäftigungen, ihre Gedanken und ihre Sorgen sind auf eine so kleine Anzahl Dinge beschränkt, daß sie notwendigerweise auch einen sehr kleinen und stark begrenzten Ideenkreis haben. Ich bin bisweilen genötigt gewesen, Maschunka wieder freizugeben, nachdem er mir kaum ein Dutzend Worte beigebracht hatte, so auffallend war es, daß die Anspannung seiner Aufmerksamkeit oder die ununterbrochene Denkarbeit seine Fähigkeit zur Überlegung schnell erschöpften und ihn wirklich unfähig machten, sich weiter mit dem Gegenstand zu beschäftigen. In diesen Fällen zeigten seine Unaufmerksamkeit und sein abwesender Gesichtsausdruck deutlich, daß abstrakte Fragen, selbst einfachster Art, ihn schnell in den Zustand eines Kindes zurückversetzten, dessen Verstand noch nicht erwacht ist. Er klagte dann über Kopfschmerzen...« An anderer Stelle sagte derselbe Forscher über dieselben Buschmänner: »Sie sind weder schwerfällig noch dumm; im Gegenteil sind sie ziemlich lebhaft und beweisen oft Einsicht und Scharfsinn, sobald es sich um Gegenstände handelt, die durch ihre Lebensweise in greifbare Nähe für ihre Beobachtung und ihr Verständnis gerückt werden.«

Gedächtnis statt Denkarbeit

Wie bei anderen Naturvölkern, so rührte also auch bei Buschmännern die Abneigung gegen das logisch-begriffliche Denken nicht aus einer angeborenen Unfähigkeit her, sondern aus der Gesamtmenge der Gewohnheiten, die die Art und Weise ihrer geistigen Tätigkeit bestimmte.

Auffällig schien manchen Forschern auch, daß Naturmenschen meist über ein besonders gutes Gedächtnis verfügen, mit dem sie sich der Mühe des Nachdenkens oft entziehen können. Diese Erfahrung machten Missionare bereits bei eingeborenen Kindern. Über seine Schüler bei einem südafrikanischen Stamm berichtete ein Pastor, daß die Kinder mehr Erfolg hätten, wenn es sich um eine Gedächtnisleistung handelte. So erklärte es sich beispielsweise, daß sie lieber die damals gebräuchlichen englischen Maße und Gewichte mit ihren komplizierten Veränderungen auswendig lernten als das doch anscheinend viel einfachere und vernünftige metrische System. Das englische System erfordert ein sehr gutes Gedächtnis für das Verhältnis zwischen den verschiedenen Maßen (Elle, Fuß, Zoll etc.). Beherrscht man es aber erst einmal, dann wird die Arbeit rein mechanisch. Das fällt den Eingeborenen offenkundig sehr viel leichter als das metrische System, in dem eine bestimmte Idee enthalten ist, deren man sich nicht ohne ein gewisses Maß an Denkanstrengung bedienen kann.

»Kennt ihr das Labyrinth der englischen Arithmetik mit seinem veralteten, aber um so verehrungswürdigeren System der Gewichte und Maße? Unsere Sambesis erquicken sich daran«, berichtet ein französischer Forscher Anfang dieses Jahrhunderts. »Sprecht ihnen von Pfunden, von Farthings, von Pence, von Unzen, und ihre Augen glänzen, ihre Gesichter strahlen, und im Handumdrehen ist die Verrichtung vollzogen, wenn es sich eben nur um eine Verrichtung handelt. Es ist seltsam, wie die positivste aller Wissenschaften zu einem wunderbaren Mechanismus werden kann. Aber stellt ihnen eine ganz einfache Aufgabe, die nur ein klein wenig Überlegung erfordert, so stehen sie wie vor einer Mauer. ›Ich bin besiegt‹, sagen sie, und sie glauben damit jeglicher geistiger Anstrengung enthoben zu sein.«

Der Mangel an Reflexion wird von Ethnologen auch als Ursache dafür angesehen, daß Naturvölker im Hinblick auf ihre Zivilisation, nach unserer Sicht, »zurückgeblieben« sind. Dieses fehlende Interesse an Denkvorgängen sei auch der Grund dafür, daß es an Ideen mangele. »Der Afrikaner... denkt nicht, überlegt nicht, folgert nicht, wenn er es irgend vermeiden kann«, faßt ein Missionar seine Erfahrungen zusammen. »Er hat ein wunderbares Gedächtnis, großes Talent zur Beobachtung und Nachahmung, einen leichten Redefluß und überhaupt gute Eigenschaften... Aber die Fähigkeiten zur vernunftgemäßen Überlegung und Erfindung schlummern noch in ihm. Er begreift die tatsächlich gegenwärtigen Umstände sehr leicht, paßt sich ihnen an und schafft Rat für sie; aber einen Plan ernsthaft ausarbeiten, mit Intelligenz eine Induktion ausführen – das geht über seine Kräfte.«

Derselbe Missionar illustriert an einem konkreten Beispiel die scheinbare Unfähigkeit zum logischen Erfassen eines Vorgangs, bei gleichzeitigem Versuch zur Anpassung an eine nutzbringende Situation:

Mehrere Eingeborene eines salvadorianischen Stammes zeigten plötzlich ein auffallendes Interesse daran, Lesen und Schreiben zu lernen. Die Missionare brauchten lange, um die Ursache dafür herauszufinden. Wenn die Eingeborenen ihre landwirtschaftlichen Produkte an die Küste brachten, um sie zu verkaufen, trugen sie diese zu einem Einkäufer, der die Erzeugnisse wog, abmaß und anschließend etwas auf einen Zettel schrieb. Mit diesem Papier gingen die Eingeborenen zu einem zweiten Agenten, in einen Laden, der die Tauschwaren hatte, und dieser zweite Mann bezahlte sie. Die Eingeborenen schlossen offenbar daraus, daß, wenn sie schreiben könnten, sie nicht mehr die Mühe auf sich nehmen müßten, ihre Produkte dorthin zu bringen. Es würde genügen, einige Zeichen auf ein Stück Papier zu schreiben, so wie es der erste Agent tat. Wenn man dann das Papier im Warenlager vorzeigte, würde man alles bekommen, was man wollte.

Die »participation mystique«

Dieses Beispiel erläutert anschaulich, was Lévy-Bruhl unter dem von ihm geprägten Begriff der »participation mystique« (einer mystischen Teilhabe) versteht. Das mit geheimnisvollen Zeichen beschriftete Papier hat einen gewissermaßen »magischen« Charakter; mit seiner Hilfe hat man Teil am geheimnisvollen Ganzen und kann sich etwas Erwünschtes auf »zauberische« Weise verschaffen. Die Umgebung, in der ein Naturmensch lebt, stellt für ihn ein Netz solcher »Partizipationen« dar, an das er sich, durch geeignete Übungen, anschließen kann.

Ein zivilisierter Mensch trägt ein so festes Gefühl intellektueller Sicherheit mit sich, daß er sich kaum vorstellen kann, wie es je erschüttert werden könnte. Selbst wenn ein Phänomen ihm noch so rätselhaft erscheinen mag, ist er sicher, daß diese Rätselhaftigkeit nur vorläufig ist und sich die Ursache eines Tages enthüllen wird. Denn die Naturgesetze gelten ihm als unabänderlich.

Ein Naturmensch dagegen denkt bei einer Erscheinung, die ihn interessiert, sofort an eine okkulte, unsichtbare Macht, die sich in dieser Erscheinung ausdrückt. Wo zivilisierte Völker eine natürliche Ursache suchen, sieht der Naturmensch das Übernatürliche am Werk; er beschäftigt sich nicht damit, nach Ursachen zu forschen, weil er ja »weiß«, daß hier mystische Kräfte tätig sind.

Mit diesen Kräften kann er sich zwar nicht immer direkt in Verbindung setzen. Er kann keinen Einfluß darauf nehmen, ob er einen Traum oder eine Vision haben wird, die ihm etwas Günstiges verheißen. Er kann aber bestimmte Mittel anwenden, um mit den okkulten Mächten wenigstens indirekt Kontakt aufzunehmen und damit seine Wünsche auszudrücken. Zu diesen Mitteln gehört, zum Beispiel, das Wahrsagen aus tierischen Eingeweiden.

Indirekter Kontakt mit okkulten Mächten

Das Tieropfer, bei dem man meistens vor allem die Leber besonders untersucht, dient als Vermittler zwischen dem Naturmenschen und den mystischen Kräften, von denen er sich umgeben fühlt. Von den Dayaks auf Borneo beispielsweise ist bekannt, daß sie sich bei allen wichtigen Angelegenheiten mit Hilfe einer Schweineleber an das höchste Wesen wenden. Wenn die Eingeborenen fürchten, daß Feinde in der Nähe sind oder daß ein Unglück oder eine Krankheit droht, befragen sie das Opferschwein, ob so etwas tatsächlich geschehen werde. Das Schwein empfängt die Frage und wird gebeten, sie dem höchsten Wesen zu übermitteln; die Antwort erwartet man von der Leber des Schweins, die sofort herausgezogen und auf eine Platte gelegt wird, sobald das Schwein getötet worden ist. Dann versammeln sich die Ältesten um die Leber herum und untersuchen sie äußerst sorgfältig auf ihre Größe, ihre Färbung und auf die Menge des Fettes und der Sehnen. Jede Einzelheit hat dabei eine bestimmte Bedeutung, und die Antwort auf die gestellte Frage wird von den Ältesten eindeutig herausgelesen.

Der Mangel an intellektueller Neugier bei Naturvölkern kommt, wie Lévy-Bruhl nachdrücklich festhält, also nicht von einer geistigen Stumpfheit her. Er folgt vielmehr aus der Tatsache, daß Naturmenschen in einer Welt leben, denken und fühlen, die mit unserer Welt in vielen Punkten nicht übereinstimmt. Infolgedessen existieren manche Fragen, die wir uns selbstverständlich stellen, für Naturvölker überhaupt nicht, weil sie darauf bereits in ihrem eigenen Vorstellungssystem eine Antwort bekommen haben, die ihnen völlig genügt. Die »participation mystique« ist für sie eine unmittelbare Erfahrung, die keiner weiteren Erklärung bedarf.

Intuition in der Mystik

Ein Erlebnisbereich, in dem Intuition im Sinne der »inneren Anschauung« eine wesentliche Rolle spielt, ist die Mystik. Der Begriff »Mystik« kommt vom griechischen Wort »myein«, das »die Augen oder den Mund schließen« bedeutet. Damit ist angedeutet, daß Mystik verbunden ist mit einer inneren Versenkung, die sich mit Worten kaum oder nur schwer ausdrücken läßt.

Gerade dieser Umstand ist es allerdings, der den Begriff »Mystik« im allgemeinen Verständnis als »dunkel« und »verschwommen« erscheinen läßt und leicht dazu verleitet, jemanden, der sich mit Mystik beschäftigt, voreilig als »abseitigen Esoteriker« abzuqualifizieren. Die Tatsache, daß mystische Erlebnisse, wenn überhaupt, dann meist in ungewöhnliche Worte gefaßt oder in überraschenden Bildern ausgedrückt werden, scheint diesen Verdacht zu bestätigen. Andererseits ist aber ein mystisches Erlebnis offenkundig gar nicht in der allgemein üblichen Umgangssprache zu formulieren, weil das Erlebnis selbst eben auch alles andere als alltäglich ist.

Als eine Einführung in das Wesen der Mystik wird manchmal ein orientalisches Gedicht zitiert, das folgenden Inhalt hat: Ein junger Mann klopft nachts an die Tür seiner Geliebten. Auf die Frage, wer da sei, antwortet er: »Ich bin's.« Aber die Tür bleibt verschlossen. Er klopft noch einmal, und auf die gleiche Frage antwortet er nun: »Du bist's.« Daraufhin wird er eingelassen.

Dieser Hinweis auf die Einheit und Austauschbarkeit von Ich und Du charakterisiert im religiösen Sinne die erwünschte Einheit von Gott und Mensch. Religiös verstanden, ist Mystik ein Versuch, durch innere Versenkung, durch Askese, Gebet oder verschiedene Formen der »Selbstreinigung« eine unmittelbare Einheit von Gott und Mensch zu bewirken. Die Eigenständigkeit des Menschen soll zurücktreten, das Individuum soll und will sich völlig Gott überlassen und in ihm aufgehen. Der spanische Mystiker Johannes vom Kreuz spricht von einer »eingegossenen Beschauung«. Darunter versteht er »jenes fried- und liebevolle Einströmen Gottes in die Seele, das sie, wenn man es nicht hindert, mit dem Geist der Liebe entflammt«.

Um diese für einen heutigen Menschen ziemlich schwer nachvollziehbare Haltung etwas besser zu verstehen, kann man versuchen, sich an Momente des eigenen Lebens zu erinnern, in denen man unverhofft eine Erfahrung gemacht hat, die sich von den alltäglichen Erlebnissen unterschied. Sehr viele Menschen entsinnen sich auf Nachfrage sehr genau irgendwelcher unvermuteter Gefühlszustände, Stimmungen oder eingebungsartiger Empfindungen, die sie als einen kurzfristigen Einbruch von etwas Fremdartigem und gleichzeitig doch Bekanntem erfahren haben. Ein solcher Sinneseindruck kann in einem Gefühl plötzlicher Ruhe nach einem heftigen Gefühlserlebnis bestehen; er kann sich als Empfindung von absoluter Einsamkeit oder aber größtmöglicher Kraft äußern. Er kann auch als unerwartete »Erleuchtung«, als bestürzende Einsicht oder als überströmendes Glücksgefühl empfunden werden. Solche Erlebnisse, so kurz sie sein mögen, werden intensiv wahrgenommen und haben meist den Charakter eines »von außen« oder »von oben« bewirkten Zustandes, der im eigenen »Innern« stattfindet, so, als ob außen und innen direkt miteinander verbunden wären.

Sammlung statt Zerstreuung

Mystik hat viele Erscheinungsformen und ist an keine bestimmte Religion gebunden. Ein mystisches Erlebnis kann man ebensogut zu Hause wie auf der Straße, bei einem Waldspaziergang oder in einer Kirche haben. Aber obgleich sehr viele Menschen von einer solchen Erfahrung berichten können, die oft sogar als ausgesprochen beruhigend, als tröstlich oder als stärkend empfunden wird, wissen nur sehr wenige, wie sich ein solcher Moment zurückholen läßt.

Im Christentum wie auch in anderen Religionen gibt es

aber eine Reihe von Hinweisen darauf, wie man metaphysischen Erfahrungen gewissermaßen den Boden bereitet. Man kann sich darauf einstellen, indem man beispielsweise möglichst die »Zerstreuung« meidet und statt dessen versucht, sich zu »sammeln«, seine Gedankenkräfte zu konzentrieren, wie dies bei bestimmten Formen der Meditation oder beim Gebet getan wird. Dies ist ein erster Schritt auf dem sogenannten »Weg zur Reinigung«.

Gleichzeitig wird empfohlen, das diskursive, schlußfolgernde Denken allmählich zugunsten eines mehr gefühlsmäßigen und intuitiven Verhaltens aufzugeben und dabei weniger aktiv sein zu wollen als sich vielmehr zu »öffnen«, geduldig zu sein, etwas mit sich geschehen zu lassen. Diese Haltung fällt westlichen Menschen im allgemeinen sehr schwer, wie sich in einem späteren Kapitel, am Beispiel des Zen-Buddhismus, noch eindrucksvoll zeigen wird. Andererseits ist der asketische »Reinigungsweg« eine entscheidende Voraussetzung für eine erhoffte »Erleuchtung«. Und immerhin gibt es auch im Westen eine ganze Reihe von Beispielen dafür, wie eine mystische Vereinigung von Mensch und Gott gedacht, gefühlt oder intuitiv wahrgenommen wird oder wurde.

Mystik wird von bedeutenden mystischen Lehrern als eine »gleichsam erfahrungsmäßige Erkenntnis Gottes« definiert. Sie ist also nicht gleichzusetzen mit einer üblichen Erfahrung und ist auch keine Erkenntnis, die man mit Hilfe des Verstandes gewinnt, sondern sie *ähnelt* nur einer erfahrungsmäßigen Erkenntnis. Der Mystiker fühlt sich erfaßt von einer Wirklichkeit, die der sinnlichen Wahrnehmung ebenso entzogen ist wie dem rationalen Denken. Es ist leicht einzusehen, daß sich deshalb ein allgemein verständliches Reden über diese Erfahrung ziemlich schwierig gestaltet. Der bekannteste deutsche Mystiker, Meister Eckhart, sagt hierzu: »Wer diese Rede nicht versteht, der bekümmere sein Herz nicht damit. Denn solange der Mensch dieser Wahrheit nicht gleicht, solange wird er diese Rede nicht verstehen. Denn es ist eine unverhüllte Wahrheit, die da gekommen ist aus dem Herzen Gottes unmittelbar.«

Die »Gottesgeburt im Menschen«

Für den christlichen Mystiker ist die »Gottesgeburt im Menschen« das Ziel seines Lebens. Was darunter zu verstehen ist, kann ein in der Mystik nicht Bewanderter nur ahnen – die Versuche der Mystiker, diese Erfahrung in verstehbaren Worten auszudrücken, sind ebenso zahlreich wie schwer verständlich. Auch für die Deutung solcher Versuche ist man bereits auf Intuition angewiesen, auf ein einfühlendes Nachempfinden von seelischen Zuständen, die zum Beispiel Meister Eckhart so beschreibt:

»In der Gottesgeburt, da entspringt die Gnade (in der Seele): da wird die Gnade eingegossen. Sie ist das Leben der Seele; ihr Ziel ist: eins zu sein mit Gott, in ihm zu leben und zu wirken.

Gott ist in der Seele mit seiner Natur, seinem Wesen, seiner Gottheit – und ist darum doch nicht die Seele: Was die Seele widerstrahlt, das ist – als Gott zugehörig – selber Gott; sie selbst ist darum doch, was sie ist.

Niemand kann den Vater erkennen als sein eingeborener Sohn. Soll also der Mensch Gott erkennen, darin seine ewige Weisheit besteht, so muß er mit Christus des Vaters einiger Sohn sein. Wollt ihr selig sein, so müßt ihr ein einiger Sohn sein – nicht viele Söhne, sondern ein Sohn…«

Ein guter Mensch wird also, wie Meister Eckhart erklärt, nicht selbst Christus, aber er ist ein Teil von ihm. Als ein Gleichnis hierfür dient dem Mystiker die Glaubenstatsache, daß auf den verschiedenen kirchlichen Altären zahllose Brote, in Form von Hostien, in den »wahren und einen Leib Christi« verwandelt werden. Indem die Gläubigen dieses Brot zu sich nehmen, werden sie eins mit Christus und dadurch auch »alle ein einiger Sohn«. Wenn man »der Menschheit nachjagt, bis man die Gottheit findet«, werde man schließlich eine Seelenkraft in sich entdecken, die nicht an die Zeit und an den Körper gebunden, sondern ganz und gar geistig ist: das von Meister Eckhart oft zitierte »Seelenfünklein«, das Gott in der menschlichen Seele angelegt habe, damit der Mensch sich mit Gott vereinigen könne.

Gleiches kann nur durch Gleiches erkannt werden, verstehen kann man nur etwas, das man in irgendeiner Form auch selbst in sich hat – in der Spur einer »geistigen Ähnlichkeit« zwischen Gott und Mensch sieht Meister Eckhart die Grundlage dafür, daß der Mensch Gott immer ähnlicher werden kann, bis er schließlich eins mit ihm ist. Aber dies kann nicht durch einen intellektuellen Willensakt erreicht werden, sondern es ist ein sogenanntes »Gnadengeschenk«.

Das »fließende Licht der Gottheit«

Ein solches Geschenk wurde offenbar auch der Mystikerin Mechthild von Magdeburg zuteil, die, um das Jahr 1212 geboren, aus einem sächsischen Rittergeschlecht stammte. Schon sehr früh begann sie ihre visionären Erlebnisse aufzuschreiben. »In meinem zwölften Jahre, da ich allein war, kam der Sturm des Heiligen Geistes über mich und grüßte mich ungestüm, also daß ich mich von der Stunde an einer Todsünde fürder nicht ergeben wollte. Und der vielliebe Gruß kam alle Tage zu mir und tat mir süßes Weh der Liebe«, schreibt Mechthild über ihre erste mystische Erfahrung, in einer Sprache, die gelegentlich eine erotische Färbung hat und deshalb auch als »geistlicher Minnesang« bezeichnet worden ist.

Mechthilds Visionen, die ihr den mystischen Weg der Reinigung, der Erleuchtung und der Vereinigung zeigten, sind festgehalten in mehreren Büchern, die sie unter dem Titel ›Das fließende Licht der Gottheit‹ herausgab. Diese Aufzeichnungen machen besonders deutlich, wie sich jemand, ohne jeden intellektuellen Anspruch, gläubig auf intuitiv wahrgenommene Bilder verläßt und diese so anschaulich wie möglich mitzuteilen versucht. »Mit den Augen der Seele« sieht die Mystikerin ein göttliches Feuer, das einst beim Jüngsten Gericht in Kelche verwandelt werden wird, die bei der »ewigen Hochzeit« zwischen Gott und der menschlichen Seele als heilige Trinkgefäße dienen werden. Sie sieht auch andere, einprägsame Bilder, so zum Beispiel den Leichnam des Evangelisten Johannes, der »in großer Wonne« daliegt und leuchtet wie ein feuriger Kristall. »Zwischen seinem Leibe und der Schöpfung des Himmelreiches ist nicht mehr als eine dünne, zarte Wand«, beschreibt Mechthild ihr visionäres Bild, »gleich eines Eies Haut, und doch fest, daß kein Leibliches hindurchgehen kann bis an den Jüngsten Tag.«

So dünn wie diese zarte Wand ist in Mechthild von Magdeburgs intuitiver Vorstellung auch die Trennungslinie zwischen dem Schöpfer und seinen Geschöpfen. Durch göttliche Gnade, so lehrt Meister Eckhart, könne diese Trennung aufgehoben werden.

Für die Logik des Verstandes ist in diesem Zusammenhang offensichtlich kein Platz; hier ist nur ein intuitiver Zugang denkbar.

Wie sich der gläubige Mensch die mystische Vereinigung mit Gott vorstellen könne, zeigt einer von Meister Eckharts späteren Schülern, Nikolaus von Cues, in seinen Schriften »Von der Anschauung Gottes« und vor allem in seinem Hauptwerk ›De docta ignorantia‹, »Vom Wissen des Nichtwissens«.

Vom Wissen des Nichtwissens

Der Bedrohung des Christentums durch das intellektuelle Denken begegnete der Kardinal und Kirchenreformer Nikolaus von Cues durch eine entschiedene Hinwendung zur Mystik. Wie berichtet wird, kam Nikolaus diese Eingebung auf einer Schiffsreise. Als er, auf der Rückfahrt von Konstantinopel, in die Betrachtung des Meeres versunken war, sah er plötzlich ein, daß die logische Methode des Verstandes *nur eine* der Möglichkeiten des Erkennens ist. Es wäre also ein Irrtum, die Logik zum allgemeingültigen, alleinigen Erkenntnisgesetz zu erheben.

Gott, so erkannte Nikolaus, steht jenseits aller Gegensätze und kann nur durch eine intuitive Zusammenschau aller Gegensätze erkannt werden. Und wie ein Kunstwerk, in dem verschiedene Formen und Farben harmonisch zueinander in

Beziehung gesetzt sind, so ist nach Auffassung des Nikolaus von Cues auch das menschliche Leben zu betrachten, das nach dem göttlichen Gesetz ausgerichtet ist. Dieses Gesetz aber ist nichts anderes als die Liebe zu Gott. Diese Gottesliebe wiederum ist der sicherste Weg zur Erkenntnis. Die Liebenden erkennen sich; die sich Erkennenden lieben sich. Mystisches Leben besteht in der ständigen Anschauung Gottes.

Diese Anschauung beruht auf Gegenseitigkeit. Als Beispiel dafür gibt Nikolaus das Gemälde eines »Allsehenden« an. Die Augen dieser Gestalt sind so gemalt, daß sie jeden Betrachter immer mit ihrem Blick begleiten, wohin er sich auch wendet. So empfindet der Mystiker seine Verbindung mit Gott: »Dein Sein, Herr, verläßt niemals das meine. Ich habe nur Sein, sofern du bei mir bist. Und weil dein Sehen eins ist mit deinem Sein, so bin ich, weil du mich anschaust. Und würdest du deinen Blick von mir wenden, so wäre ich nicht mehr. Aber ich weiß, daß dein Blick nichts anderes ist als jene große Güte, die sich jedem mitteilt, der dessen empfänglich ist...«

Die »Muse« des Künstlers

Intuitive Vorstellungskraft und Glaubensstärke verhelfen dem Mystiker zu seinem Lebensziel: einer Vereinigung mit dem, was er als »das Göttliche« versteht. Ob er diese Erfahrung an die Gesellschaft weitergibt oder sie eher als eine private Angelegenheit behandelt, hängt von seinem individuellen Temperament und seiner Überzeugung ab.

In anderen Bereichen drängt das »Produkt« der Intuition unbedingt nach außen. Wenn man zum Beispiel die Erfahrungen, die die alttestamentlichen Propheten und die Schamanen der Naturvölker miteinander gemeinsam haben, näher betrachtet – den überraschenden Ruf eines göttlichen Wesens, den persönlichen Auftrag an den Auserwählten, den ekstatischen Zustand des Berufenen und seine spezielle Begabung –, dann fällt auf, daß die genannten Merkmale auch auf eine andere »herausgehobene« Person zutreffen, die eine Mission zu erfüllen hat oder dies zumindest so empfindet: die des Künstlers.

Intuition (in Form der künstlerischen Inspiration, die manchmal als eine Art des Wahnsinns betrachtet wurde) galt schon in der Antike als unerläßliche Voraussetzung für den Künstlerberuf. »Daher kommt es«, sagt Aristoteles in seiner ›Poetik‹, »daß die Dichtung einen Menschen verlangt, der dafür besonders begabt ist, einen mit einem Hauch von Wahnsinn...« In einem rauschähnlichen Zustand, ohne zu wissen, was er tue, singe der Dichter seinen Gesang, so hatte Plato den Inspirationsvorgang beschrieben.

»Die Dichter der Alten«, bestätigt der Psychoanalytiker und Kunsthistoriker Ernst Kris, »waren kaum von Priestern und Sehern zu unterscheiden.« Durch den Dichter spricht ein Gott zu den Menschen. Die »Stimme des Unbewußten« wird nach außen verlegt und wird zur Stimme Gottes, der durch den Mund des Erwählten redet.

Um sich eine Inspiration zu erbitten, rief ein antiker Dichter vor Beginn seines Werkes häufig die Musen an. Darin drückt sich die Überzeugung aus, daß die Kunst nicht aus der eigenen Kraft des Menschen komme, sondern ein Geschenk höherer Mächte sei. Musen waren allerdings nicht nur die Schirmherrinnen der Dichtung, sondern auch der Musik, der Philosophie und der Naturwissenschaft.

> »Mich aber nehmt, ihr Gewogenen, auf, ich trage die Zeichen / Eures geheiligten Dienstes, von inniger Liebe durchdrungen, / Musen, und lehrt mich verstehn die Bahn der himmlischen Lichter, / Sonnenverfinsterung auch und des Mondes wechselnde Mühsal, / Und weshalb das Erdreich bebt, und die offene Meerflut / Uferhinauf anschwillt und stets in sich selber zurücksinkt…«

So leidenschaftlich ruft der Dichter Virgil die Musen an, von denen er sich nicht nur die Gabe der Dichtkunst, sondern auch die Erkenntnis der kosmischen Gesetze erbittet. Und Horaz sieht in den Musen nicht allein die Vermittlerinnen der künstlerischen Begabung, sondern betrachtet sie außerdem als seine ständigen Schutzgeister. Weder Stürme noch rauhe Gebirge, weder Schlachten noch die wilden Einwohner fremder Länder könnten ihm etwas anhaben, sagt er zuversichtlich in einer Ode, denn die Musen behüteten ihn vor jeder Gefahr.

Inspiration als Quelle der Kunst

Die Inspiration, auch mit dem griechischen Wort »enthusiasmos« (Begeisterung) bezeichnet, ist die älteste und am weitesten verbreitete Erklärung für dichterische Intuition. Bis in die neuere Zeit hinein waren sich viele Künstler und Kritiker darüber einig, daß das »Diktat« eines übernatürlichen Besuchers dem Kunstwerk zu seiner Existenz verhelfe. Bildung und Fleiß seien zwar notwendige Voraussetzungen für das Zustandekommen eines Kunstwerks, stellte im sechzehnten Jahrhundert der englische Dichter Edmund Spenser fest; aber durch geistige Anstrengung allein könne keine Dichtung entstehen. Kunst sei vielmehr »eine göttliche Gabe und ein himmlischer Instinkt«, und sie ergieße sich in den menschlichen Geist »durch einen gewissen *enthusiasmos* und durch himmlische Inspiration«.

Das dichterische Erfinden mit Hilfe einer Inspiration ist, wie der Literaturwissenschaftler M. H. Abrams zeigt, durch vier Merkmale gekennzeichnet, die ganz ähnlich auch auf andere Formen von Intuition zutreffen:

1. Der Vorgang setzt plötzlich ein, ohne Anstrengung oder Vorahnung.
2. Er läuft zwanghaft und automatisch ab, unabhängig vom Willen des Künstlers.
3. Im Verlauf des Prozesses empfindet der Dichter eine starke Erregung, Verzückung oder auch Schwächung.
4. Das vollendete Werk erscheint dem Dichter erstaunlich und fremd.

»Ein Mensch kann nicht sagen: Ich will dichten«, erklärte der englische Dichter Shelley. Der schaffende Geist sei »wie eine verglimmende Kohle, die durch eine unsichtbare Einwirkung – den wechselnden Wind beispielsweise – zu vorübergehendem Leuchten erwacht; diese Kraft wächst von innen wie die Farbe einer Blume, die im Entwicklungsprozeß ausbleicht und sich verändert, und was in uns an Bewußtheit ist, kann weder ihren Beginn noch ihr Ende voraussagen«.

Die Vorstellung von einer künstlerischen Inspiration hat sich, anschaulich, wie sie war, lange erhalten. Der Begriff Inspiration wird ja auch heute noch benutzt, wenn auch eher gewohnheitsmäßig und ohne daß man dabei immer an den eigentlichen Wortgehalt (spiritus = Hauch) denkt. Aber die Annahme, daß ein übernatürlicher Besucher dem Dichter etwas diktiert, das sich später als Kunstwerk herausstellt, ist allmählich durch Theorien überlagert worden, die mehr an den Verstand als an Geisterglauben appellierten.

Eine dieser Theorien, die nicht nur für die Kunst, sondern auch für die intuitive Wahrnehmung im allgemeinen eine große Bedeutung hat, ist Ende des achtzehnten Jahrhunderts entwickelt worden. Dabei spielte die Idee der »Monaden«, die Gottfried Wilhelm Leibniz entwickelt hatte, eine wichtige Rolle.

Kunst als Pflanze

Leibniz hatte die These aufgestellt, daß es statt unbelebter Atome andere kleinste Einheiten gebe, die er »Monaden« nannte und die er sich als lebendig vorstellte. In jeder dieser Monaden spiele sich das Weltgeschehen ab, wenn auch immer in etwas anderer Form; jede einzelne von ihnen sei »ein ewig lebender Spiegel des Universums«. Außerdem habe jede Monade die Fähigkeit, alles überall gleichzeitig wahrzunehmen, sei es das Vergangene, das Gegenwärtige oder das Zukünftige. Der Mensch unterscheide sich von allen anderen Wesen dadurch, daß von den zahllosen kleinen Wahrnehmungen, die im allgemeinen unbewußt bleiben, einige wenige seine Bewußtseinsschwelle überschritten, ihm also zu Bewußtsein kämen. Die Vorstellung, daß es zahllose ungeordnete und unbewußte Wahrnehmungen gäbe, von denen sich einige wenige im Geist des Menschen allmählich zu Klarheit und Verständlichkeit entwickeln, ließ den Vorgang der »Inspiration« in einem neuen Licht erscheinen: Ein Kunstwerk, so stellte man sich nun vor, entstand wie eine Pflanze, die sich aus Erde und Luft ihre Nahrung holt. Der Schaffensprozeß, der nach der Art des organischen Wachstums – Samenkorn, Entwicklung, Blüte, Reife – vor sich geht, findet unbewußt, im Dunkeln unter der Erdoberfläche, statt.

In England war der Vergleich eines Kunstwerks mit naturhaftem Wachstum im achtzehnten Jahrhundert weitverbreitet. In seinen ›Gedanken über die Originalwerke‹ hatte der Dichter Edward Young geschrieben, man könne von einem Original sagen, daß es »etwas von der Natur der Pflanzen an sich habe: es schießt selbst aus der belebenden Wurzel des Genies auf; es wächset selbst, es wird nicht durch die Kunst getrieben...«

Wenige Jahre später, 1771, griff Johann Georg Sulzer in seiner ›Allgemeinen Theorie der schönen Künste‹ diese Metapher auf und verband sie, indem er sich auf Leibniz' Lehre von den unbewußten Vorstellungen bezog, mit dem Begriff des Unbewußten. Zum Stichwort ›Erfindung‹ schreibt er: »Es ist eine anmerkungswürdige Sache und gehört unter die anderen psychologischen Geheimnisse, daß bisweilen gewisse Gedanken, wenn man die größte Aufmerksamkeit darauf richtet, sich dennoch nicht wollen entwickeln und klar fassen lassen; lange hernach aber sich von selbst, und wenn man es nicht sucht, in großer Deutlichkeit darstellen, so daß es das Ansehen hat, als wenn sie in der Zwischenzeit, wie eine Pflanze, unbemerkt fortgewachsen wären und nun auf einmal in ihrer völligen Entwicklung und Blüte da stünden. Mancher Begriff wird allmählich reif in uns, und löset sich dann gleichsam von selbst von der Masse der dunklen Vorstellungen ab und fällt ans Licht hervor. Auf dergleichen glückliche Äußerungen des Genies muß sich jeder Künstler auch verlassen, und wenn er nicht allemal finden kann, was er mit Fleiß sucht, mit Geduld den Zeitpunkt der Reife seiner Gedanken abwarten.«

Diese Schilderung, die sich auf das Entstehen eines Kunstwerks bezieht, läßt sich ebensogut auf die Vorbereitung intuitiver Erlebnisse anwenden, von denen Erfinder, Forscher und Entdecker berichten oder die man im alltäglichen Umgang mit anderen Menschen hat. Die Vorstellung von einer Inspiration, die von außen oder von »oben« kam, wurde abgelöst von dem Gedanken an eine schöpferische Natur, die im Künstler selbst wirksam ist.

Vielleicht aber war diese Natur, die mit Einfühlungsgabe, sorgfältiger Beobachtung, geduldigem Fleiß und unverhoffter Erkenntnis zusammenhing, nicht nur im Künstler, sondern in jedem Menschen angelegt – wenn auch unauffälliger und nicht immer auf dem Gebiet der Kunst?

Mit dieser Frage beschäftigten sich nun auch Forscher, die nicht ausschließlich an »Genies« interessiert waren.

Kunstgenuß durch Intuition

Nicht nur die Inspiration, die ein Künstler bei sich zu erfahren hofft, ist eine Variante der Intuition. Auch der Betrachter von Kunst benötigt eine bestimmte Form von Intuition, nämlich Einfühlsamkeit, um ein Kunstwerk verstehen und würdigen zu können. Diese Intuition, die durch die Beschäftigung mit Kunst ständig erweitert werden kann, ist eine Voraussetzung für den Genuß von Kunst. Und dieser Genuß wiederum trägt nicht ganz unerheblich zum eigenen Selbstwertgefühl bei.

»Ästhetischer Genuß ist objektivierter Selbstgenuß.« Mit dieser Erkenntnis machte Anfang dieses Jahrhunderts ein junger Kunstwissenschaftler von sich reden, der sich mit dem Kunstbedürfnis des modernen Menschen beschäftigte und dabei sowohl dem Einfühlungsvermögen als auch dem Drang zur Abstraktion nachging. In seinem Buch ›Abstraktion und Einfühlung‹, das mehrere Auflagen erlebte und jahrzehntelang im Mittelpunkt von Kunstdiskussionen stand, machte sich Wilhelm Worringer einen Namen.

Worringer selbst war vom Erfolg seines kleinen Werkes, das er als kunstwissenschaftliche Dissertation eingereicht hatte, sehr überrascht. Mit diesem Thema hatte er, ohne dies bewußt geplant zu haben, einen Stoff aufgegriffen, der anscheinend genau zu diesem Zeitpunkt »reif« für eine ausführliche wissenschaftliche Behandlung war und eine dementsprechend große Resonanz fand; der Autor hatte intuitiv »die Hand am Puls der Zeit« gehabt.

So erklärte sich auch Worringer selber die weitreichende Wirkung seines Erstlingswerks. Er sei damals, so schrieb er in einer späteren Auflage des Buches, offenbar das »Medium von Zeitnotwendigkeiten« gewesen. Sein persönliches Interesse für bestimmte Probleme sei zufällig mit dem Bedürfnis seiner Zeit zusammengetroffen, eine Neuorientierung ihrer ästhetischen Wertmaßstäbe zu finden. »Der Kompaß meines Instinkts hatte in eine Richtung gewiesen, die vom Diktat des Zeitgeistes unausweichlich schon vorgeschrieben gewesen war«, erkannte Worringer viele Jahre später.

Die Wahl seines Dissertations-Themas war Worringer unter merkwürdigen Umständen zugefallen. Als Student war er einmal, noch unschlüssig, worüber er seine Doktorarbeit schreiben sollte, im Trocadero-Museum in Paris umhergegangen. Etwas gelangweilt, aber pflichtbewußt beschäftigte er sich mit den Faltenwürfen auf einigen Gemälden, als zwei weitere Besucher das Museum betraten. In einem von beiden erkannte der junge Kunststudent den berühmten Berliner Philosophen Georg Simmel, bei dem er Jahre zuvor mehrere Vorlesungen gehört hatte.

Obwohl Worringer das leise Gespräch der beiden Museumsbesucher kaum verstehen konnte, fühlte er sich auf einmal durch die bloße Anwesenheit des bekannten Philosophen derart geistig angeregt, daß er noch länger als eine Stunde im Museum blieb. Das Ergebnis dieser »bloß gegenwartsatmosphärischen Verbindung«, wie er es nannte, war, daß sich ein »sturzartig plötzlicher Geburtsakt« in seiner Gedankenwelt ereignete: Mit einem Schlag war ihm sein Dissertationsthema klar, das ihn wenige Jahre später weit über die Fachwelt hinaus bekanntmachte.

Fast noch merkwürdiger ist allerdings das Nachspiel zu der damaligen »Empfängnisstunde«. Denn der weitreichende Erfolg des Buchs ›Abstraktion und Einfühlung‹ war einem neuen Zufall zu verdanken.

Worringer hatte einige Exemplare seiner Doktorarbeit an verschiedene seiner Bekannten verschickt, so auch eins an den Dichter Paul Ernst, mit dem er sich auf einer früheren Italienreise angefreundet hatte. Der Dichter übersah anscheinend, daß es sich bei dieser Dissertation um die private Drucklegung einer fachlichen Arbeit handelte, nicht aber um ein von einem Verlag veröffentlichtes Buch. Er schrieb für eine angesehene Zeitschrift eine begeisterte Rezension des kleinen Werkes. Sofort setzten zahlreiche Nachfragen bei Buchhändlern ein, aber die Doktorarbeit stand natürlich in keinem Verlagsverzeichnis. Das änderte sich allerdings sehr schnell, denn aufgrund der so positiven Besprechung von Paul Ernst fand sich umgehend ein Verleger, der ›Abstraktion und Einfühlung‹ als Buch veröffentlichte.

Selbstgenuß durch Kunstbetrachtung

Was Worringer am stärksten beeindruckte, war jedoch etwas anderes. Noch vor der Veröffentlichung seines Buches erhielt er einen unerwarteten Anerkennungsbrief von dem Mann, der im Trocadero-Museum der zufällige Geburtshelfer seiner Eingebung gewesen war: Der Philosoph Georg Simmel war, ohne daß Worringer dies wußte, mit dem Dichter Paul Ernst bekannt, hatte von diesem die Dissertation geliehen bekommen und sofort mit kollegialer Hochachtung darauf reagiert. Dem Erfolg des kleinen Buches stand nun erst recht nichts mehr im Wege.

Worringers formelhafte Erkenntnis: »Ästhetischer Genuß ist objektivierter Selbstgenuß« enthält die wichtige Einsicht, daß ein ästhetisches Erlebnis nicht allein von der Art des Kunstgegenstandes abhängt. Mindestens ebenso entscheidend bei der Beschäftigung mit Kunst ist, auf welche Weise sich der Betrachter mit der Kunst auseinandersetzt. Ästhetisch genießen bedeutet nicht nur, den Kunstgegenstand zu genießen, den man betrachtet. Gleichzeitig genießt man dadurch, daß man sich in ein solches, von der eigenen Person verschiedenes, Objekt einfühlt, auch sich selbst.

Dieser Selbstgenuß besteht darin, daß der Betrachter, mit Hilfe der Intuition, seinem Drang zur Einfühlung nachgibt. Schon eine einfache Linie verlangt aktive Aufmerksamkeit, um als Linie wahrgenommen werden zu können. »Ich muß den inneren Blick ausweiten, bis er die ganze Linie umspannt«, erklärt Worringer dazu. »Ich muß innerlich das so Aufgefaßte abgrenzen und für sich aus seiner Umgebung herausnehmen. Also mutet jede Linie mir schon jene innere Bewegung zu, die die beiden Momente in sich schließt: die Ausweitung und Begrenzung. Außerdem aber stellt jede Linie vermöge ihrer Richtung und Form noch allerlei spezielle Zumutungen an mich.«

Solchen »Zumutungen« gegenüber kann man sich natürlich verschließen, indem man alles, was sich nicht auf den ersten Blick begreifen läßt, einfach ignoriert, ablehnt oder sogar bekämpft.

Wenn man sich aber gegenüber einem Kunstwerk, auch einem sogenannt abstrakten, freiwillig öffnet, dann entsteht durch die intuitive Tätigkeit des Einfühlens und Vorstellens eine Lustempfindung. Durch diese aktive Art der Wahrnehmung macht der Betrachter den Kunstgegenstand zu seinem geistigen Besitz – er füllt ihn mit seinem eigenen inneren Leben und genießt sich auf diese Weise selbst in dem betrachteten Objekt. Dieses Lustgefühl beschränkt sich natürlich nicht nur auf Werke der bildenden Kunst, sondern wird als vergleichbarer Genuß, wie leicht nachzuprüfen ist, auch in allen anderen ästhetischen Bereichen erlebt.

»Im Leibe die Seele sehen«

»Traue, sage ich zum Schüler der Physiognomik, traue deiner ersten, schnellsten Empfindung immer am meisten! Mehr noch als dem, was dir Beobachtung zu sein scheint. Dennoch unterlaß prüfende Beobachtung nie! Zeichne dir den Zug, die Form, die Miene, die dich rührte – und zugleich das möglichste Gegenteil davon! Und frage einen, zwei, drei einfältig denkende und gesund empfindende Menschen: Welches von diesen beiden drückt diese, welches jene Eigenschaft aus? Stimmen alle Beurteiler sogleich überein, dann traue deiner ersten schnellsten Empfindung wie einer Inspiration!«

Diese Empfehlungen gab der Schweizer Pfarrer und Philosoph Johann Caspar Lavater denen, die daran interessiert waren, aus äußeren Merkmalen, vor allem aus den Gesichtszügen eines Menschen dessen Charaktereigenschaften erschließen zu können. Mit seinen »Physiognomischen Fragmenten«, die in den Jahren 1771–73 erschienen, wollte Lavater »Menschenkenntnis und Menschenliebe befördern«. Die Lektüre der »Fragmente« könnte, so hoffte der Autor, den Leser zum Menschenfreund machen; denn er würde viel Gutes sehen, was er vorher nicht gesehen habe, und wo er Böses sehe, würde er Entschuldigungsgründe vorbringen, an die er vorher nicht gedacht habe.

Mit Hilfe der Physiognomik versuchte Lavater, »im Leibe die Seele zu sehen«, durch das Äußere des Menschen sein Inneres zu erkennen. Denn Äußeres und Inneres stehen nach seiner Auffassung in einem so unmittelbaren Zusammenhang, daß das Äußere »nichts als die Endung, die Grenze des Innern« ist und das Innere »eine unmittelbare Fortsetzung des Äußern«. Und da jeder Mensch Augen und Ohren hat, glaubte Lavater auch jedem zutrauen zu können, mit diesen Sinnen wenigstens das notwendigste Minimum an physiognomischer Erkenntnis zu erreichen – auch wenn »unter Zehntausenden nicht einer ein guter Physiognomist werden« würde, weil die meisten Menschen von ihren sinnlichen Empfindungen nicht genügend Gebrauch machen und sie zuwenig üben.

Wie die Dichter und Kunsttheoretiker zu seiner Zeit verwendete auch Lavater den Begriff »Inspiration« (wir würden heute in diesem Zusammenhang allerdings eher von »Intuition« sprechen), in der er eine wichtige, wenn nicht die wichtigste Hilfe für praktische Menschenkenntnis sieht. Physiognomik ist für Lavater das »schnelle Menschengefühl«, das man nicht lehren könne. Lernen und lehren könne man aber, mit der »Empfindung« umzugehen, genau zu beobachten und aus Gesichtszügen anderer Menschen die wesentlichsten Charaktermerkmale zu entziffern. Denn es sei sicher, daß bestimmte Gedanken und Empfindungszustände sich in einem Gesicht ausdrücken, wie es auch sicher sei, daß »gewisse Zustände der Seele, gewisse Empfindungen, Neigungen schön, anmutig, edel, groß sind und jedem empfindsamen Herzen Wohlgefallen, Achtung, Liebe, Freude gleichsam abnötigen; daß andere hingegen ganz das Gegenteil sind und wirken...«

Moral und Schönheit

Den Pfarrer Lavater beschäftigte natürlich auch die Frage, ob einer »moralischen Schönheit« auch eine körperliche entspreche und ob sich andererseits in körperlicher Häßlichkeit ein unmoralisches Verhalten zeige. Überlegungen dieser Art hatte es schon in der Antike gegeben, und bis ins achtzehnte Jahrhundert wurde häufig geglaubt, daß körperliche Mängel auf Charakterfehler schließen lassen; zwischen der Form des Leibes und der »Tugend« müsse es eine Übereinstimmung geben. Zur Klärung dieser Frage schlug Lavater vor: »Man zeichne einem Kinde, einem Bauern, einem Kenner, einem jeden andern, das Gesicht eines *Gütigen* und eines *Niederträchtigen*, eines *Aufrichtigen* und eines *Falschen*.« Danach solle man fragen, welche Gesichter für die schönsten und welche für die häßlichsten gehalten würden; alle Befragten würden die gezeichneten Gesichter auf die gleiche Weise einstufen. Auf die weitere Frage, welche Gemütszustände denn die gezeichneten Gesichter ausdrückten, habe sich nach Lavaters Untersuchungen gezeigt, daß gerade die häßlichsten Gesichter auch tatsächlich den häßlichsten Gemütszuständen zugeordnet worden seien.

Um noch stärker zu betonen, daß moralische Lebensführung als körperliche Schönheit zum Ausdruck kommt, empfiehlt Lavater, einmal gründlich die einzelnen Züge verschiedener Gesichter zu betrachten und Münder, Nasen und Augen miteinander zu vergleichen. »Wo sind die sanftfließenden, allmählich weichgebogenen, gleicheren, geordneten Linien – die *schöneren* Linien?« fragt er. »Und wo sind die härteren, schieferen, ungleicheren Linien? die schlechtern, an sich weniger schönen, an sich häßlichen Linien? – Welches Kind, welcher Bauer wird fehlraten?« Man könne »vom höchsten Grade der edlen Güte bis zum höchsten Grade von Bosheit, Schalkheit, Grausamkeit« auch nur die Umrißlinien der Lippen zeichnen, und man werde finden, daß »mit zunehmender Häßlichkeit der Leidenschaft auch die Schönheit der Linie abnimmt…«

Diese schon zu seiner Zeit als ziemlich naiv betrachtete Auffassung ergänzte Lavater allerdings durch differenzierte Erklärungen. Tugend und Laster seien nicht die einzigen Einflüsse, die auf die Schönheit eines Gesichts wirkten, entgegnete er auf die Vorhaltungen kritischer Zeitgenossen. Erziehung und Lebensumstände, Verstandesanlagen und Bildung, Klima, Beruf und Krankheiten entschieden ebenfalls über das Aussehen und die ästhetische Wirkung eines Menschen.

»Hellseherische« Einfühlungsgabe

Lavaters große Stärke war das, worüber er in seinen »Fragmenten« sich selbst und seiner Zeit mehr Klarheit verschaffen wollte – Intuition. »Lavaters Einsicht in die einzelnen Menschen ging über alle Begriffe«, schreibt Goethe in ›Dichtung und Wahrheit‹. »Man erstaunte, ihn zu hören, wenn man über diesen oder jenen vertraulich sprach, ja, es war furchtbar, in der Nähe des Mannes zu leben, dem jede Grenze deutlich erschien, in welche die Natur uns Individuen einzuschränken beliebt hat.«

Doch mit dieser Stärke konnte Lavater nur diejenigen gewinnen, die selbst ähnlich veranlagt waren oder klug genug, seine »ans Hellsichtige grenzende Einfühlungsgabe«, wie einer seiner Biographen schreibt, als außergewöhnliche Fähigkeit zu respektieren. Eine exakte Wissenschaft, die auch Zweifler hätte überzeugen können, war aus Lavaters Physiognomik nicht zu machen; sie war eher eine unsystematische Sammlung von einfühlsamen Beobachtungen als eine wissenschaftlich abgesicherte Methode.

Dieses Manko hatte Lavater schon bei vielen seiner Vorgänger erkannt. Es sei ein Hauptfehler aller früheren physiognomischen Schriftsteller gewesen, schrieb er, daß sie ihre Theorien in einer unverzeihlichen Unbestimmtheit und Verallgemeinerung formuliert hätten. So sei zum Beispiel behauptet worden, eine hohe und große Stirn kennzeichne einen schwachen und trägen Menschen. Man brauche aber nur an Julius Cäsar zu denken, um diese Meinung als irrig zu erkennen. Natürlich gebe es schwache und träge Menschen mit einer hohen Stirn, wie umgekehrt auch schwache Menschen mit niedriger Stirn existieren. Aufgabe des Physiognomikers sei aber, die feinen Unterschiede der Stirnformen wie auch aller anderen Gesichtszüge genauestens zu bestimmen und zu bezeichnen und keine verallgemeinernden Urteile abzugeben.

Lavaters Porträt-Deutungen

In seinen »Fragmenten« gibt Lavater zahlreiche Deutungen von Porträtbildern und Karikaturen bekannter und unbekannter Persönlichkeiten. Als Beispiel für seine einfühlsame und zugleich spekulative Interpretationsweise kann hier die Deutung der Gesichtszüge des Ignatius von Loyola dienen, der zunächst Soldat war und später die »Gesellschaft Jesu« gründete. Auch wenn man das Loyola-Porträt nicht gegenwärtig hat, ist Lavaters Interpretation anschaulich genug, um einen Eindruck von seiner physiognomischen Beurteilung (die allerdings auch persönliche Vorurteile enthält) zu vermitteln:

»Von dem Kriegerischen ist noch Ausdruck genug übrig in diesem Gesichte – wo? In der Feste des Ganzen, dann im Munde und Kinne; aber der Umriß der Stirne ist nicht der des kühnen, vordringenden Kriegers. Überschwänglich aber ist der frömmelnde, planmachende Jesuitismus über dies Gesicht ausgegossen. Nur der Mund, wie er hier, ich vermute fehlerhaft, erscheint, hat in der Unterlippe viel Schwaches. Aber Stirn und Nase – besonders das Auge, dies zusinkende Auge, dieser durchblickende Blick zeigen den Mann von Kraft, stille zu dulden und stille zu wirken, und weit und tief zu wirken durch Stille. Die Stirn hat geraumen Sitz für tausend sich kreuzende, verworfene und wiederergriffene Anschläge. Der Mann kann nicht müßig sein. Er muß wirken – und herrschen. Die Nase scheint alles von ferne zu riechen, was für ihn und wider ihn ist. Doch oben her, in diesem Bilde wenigstens, fehlt ihr viel von Größe. So selten man frei offene, kühn bogige Augen finden wird, die der Schwärmerei ergeben sind, so selten solche Augen, wie diese – die nicht in Schwärmerei versinken. Nicht, daß sie's müssen. Aber, unter gewissen Umständen, bei gewissen Veranlassungen – ist's höchst wahrscheinlich, daß sie's werden. Und diese Umstände und Veranlassungen können wiederum natürliche Folgen gerade dieser Bildung und des Geistes dieser Bildung sein.«

Diese Interpretation eines Loyola-Porträts ist natürlich keine eigentliche Deutung eines dargestellten Bildinhaltes, sondern Lavaters persönliche Meinung über den von ihm nicht sonderlich geliebten Jesuiten Ignatius. Lavater hatte bereits, bevor er an diese Porträt-Interpretation ging, sein eigenes Bild von dem Gründer der Gesellschaft Jesu und projizierte nun seine Vorkenntnisse und Bewertungen auf die Gesichtszüge des Porträtierten. Dennoch ist diese Schilderung physiognomisch nicht etwa wertlos. Sie zeigt zumindest den teilweise gelungenen Versuch, genau beobachtete Einzelmerkmale zu (bereits bekannten oder mutmaßlichen) Charaktereigenschaften in Beziehung zu setzen und aus vielen Hundert solcher Zuordnungen – wie Lavater sie vornahm – eine Art Statistik zu entwickeln, die einer späteren wissenschaftlichen Überprüfung standhalten könnte. Vorläufig gelang dies allerdings noch nicht, zumal viele Begriffe, die Lavater bei seinen Deutungsversuchen benutzte, viel zu allgemein gefaßt waren, um eindeutige Charakter-Bewertungen zu erlauben.

Kritische Einwände gegen Lavater

Mit der Physiognomik glaubte Lavater Charaktereigenschaften nicht nur aus Porträts, sondern erst recht aus Gesichtern lebendiger Menschen lesen und den betreffenden Personen dann sogar die ihnen am besten entsprechenden Berufe nennen zu können. Doch diese hohe Einschätzung seiner Intuition wurde von vielen Zeitgenossen nicht geteilt. Lavater mußte sich und seinen »Physiognomischen Fragmenten« eine Menge Spott gefallen lassen. »Wenn die Physiognomik das wird, was Lavater von ihr erwartet«, schrieb der Physiker und Philosoph Georg Christoph Lichtenberg, »so wird man die Kinder aufhängen, ehe sie die Taten getan haben, die den Galgen verdienen.«

Aber auch weniger rationalistisch denkende Leser der Lavaterschen Theorie konnten mit kritischen Einwänden nicht zurückhalten. Selbst Goethe, der von Lavaters ungewöhnlicher Einfühlungsgabe so stark beeindruckt war, kritisierte den Mangel an wissenschaftlicher Systematik in den Schriften des Schweizer Physiognomikers. »Keineswegs imstande, etwas methodisch anzufassen, griff er das einzelne einzeln sicher auf, und so stellte er es kühn nebeneinander«, urteilte Goethe über die »Fragmente«. Die Einzelbeobachtungen hätten zwar das Urteil schärfen können, aber es habe sich dabei doch mehr um aufgehäufte Erfahrungen als um wissenschaftliche Schlußfolgerungen gehandelt. Resultate, die Lavater später unter Freunden mitgeteilt habe, seien für ihn, Goethe, keine gewesen; denn sie bestanden lediglich »aus einer

Sammlung von gewissen Linien und Zügen, ja Warzen und Leberflecken, mit denen er bestimmte sittliche, öfters unsittliche Eigenschaften verbunden gesehen« habe.

Lavaters strengster Kritiker war allerdings nicht Goethe, sondern Lichtenberg, der sich über die »Physiognomischen Fragmente« mit spitzen Bemerkungen lustig machte. »Ich habe es nie ohne Lächeln bemerkt«, schrieb er in seinen Betrachtungen zur Physiognomik, »daß Lavater mehr auf den Nasen unserer jetzigen Schriftsteller findet, als die vernünftige Welt in ihren Schriften.«

Lichtenberg, der eine ähnlich ausgeprägte Einfühlungsbegabung hatte wie Lavater, war sonst eher das Gegenteil des frommen und schwärmerischen Autors der »Fragmente«: Er besaß einen scharfen analytischen Verstand, schrieb unpathetisch und attackierte Gegner mit treffendem Witz. Schon in seiner Jugend hatte er sich, noch ohne von Lavaters Arbeiten zu wissen, für die Deutung von Gesichtsausdrücken interessiert. Er zeichnete Dutzende von Papierbögen mit Gesichtern voll und schrieb dann unter jedes, »nach einem dunklen Gefühl«, eine intuitive Einschätzung des Charakters, der sich auf dem Gesicht ausdrückte.

Lichtenbergs ironische Schriften

Lichtenbergs Interesse an Physiognomik war also unbestreitbar vorhanden; nur war er als Naturwissenschaftler sehr viel zurückhaltender in der – beweisbaren – Zuordnung von Gesichts- und Charakterzügen. Und die Behauptung, ein moralisch »schöner« Mensch habe auch ein schönes Aussehen, hielt er kaum für würdig, überhaupt diskutiert zu werden. Denn wenn eine häßliche Seele einen häßlichen Leib habe und eine schöne Seele einen schönen, dann könne man, so spottete er, ja jedes beliebige Adjektiv benutzen und behaupten, daß beispielsweise eine große Seele auch einen großen Körper habe.

Mit seiner Abhandlung ›Über Physiognomik wider die Physiognomen. Zu Beförderung der Menschenliebe und

Menschenkenntnis‹ (die schon im Titel Lavaters ›Fragmente‹ ironisiert) wollte Lichtenberg »einigen gefährlichen Folgerungen begegnen, die schon hier und da von Jünglingen und Matronen aus jenem Werk gezogen zu werden anfingen; ich wollte hindern, daß man nicht zu Beförderung von Menschenliebe physiognomisierte, so wie man ehemals zu Beförderung der Liebe Gottes sengte und brennte...« Es ging Lichtenberg also darum, die übermäßig vereinfachende und verallgemeinernde Art der Physiognomik, wie er sie bei Lavater zu sehen glaubte, als eine Form von oberflächlichem Gesellschaftsspiel bloßzustellen, das zu allen möglichen Spekulationen geradezu einlud und einer ernsthaften Untersuchung den Boden entzog.

Lichtenbergs Schriften zur Physiognomik sind im wesentlichen Reaktionen auf Lavaters Abhandlungen. Außer der schon genannten Arbeit zu diesem Thema veröffentlichte Lichtenberg noch einige Fragmente, die zum Teil ausgesprochene Persiflagen sind. In seinen ›Physiognomischen Missions-Berichten, oder Nachrichten von dem Zustande und Fortgang der Physiognomik zu Tranquebar‹ aus dem Jahre 1801 ist von einem Schiff mit dem Namen ›La Divineuse‹ (Die Wahrsagerin) die Rede, das nach Ostindien abgefahren ist, um das Licht der Physiognomik in jenen finsteren Gegenden zu verbreiten. Das Schiff ist beladen mit »Storchenschnäbeln, Stirnmessern und fünfhundert Ballen Silhouetten« – eine leicht erkennbare Anspielung auf Lavaters physiognomische Lehren.

Noch unverhohlener wird in Lichtenbergs ›Fragment von Schwänzen‹ der Inhalt wie auch der überschwengliche Stil von Lavaters Abhandlungen verspottet. Zu den Zeichnungen verschiedener Schwänze verfaßt Lichtenberg jeweils »physiognomische« Kommentare. So heißt es zu einem Hundeschwanz: »Der du mit menschlichem warmem Herzen die ganze Natur umfängst, mit andächtigem Staunen dich in jedes ihrer Werke hinführst, lieber Leser, theurer Seelenfreund, betrachte diesen Hundeschwanz, und bekenne, ob *Alexander*, wenn er einen Schwanz hätte tragen wollen, sich eines solchen hätte schämen dürfen. Durchaus nichts weichlich

›hundselndes, nichts damenschösigtes, zuckernes‹ maus-knappperndes, winziges Wesen. Überall Mannheit, Drang-druck, hoher erhabener Bug und ruhiges, bedächtliches, kraftherbergendes Hinstarren, gleichweit entfernt von unter-thänigem Verkriechen, zwischen den Beinen, und hühner-hündischer, wildwitternder, ängstlicher, unschlüssiger Hori-zontalität. Stürbe der Mensch aus, wahrlich, der Scepter der Erde fiele an diese Schwänze.«

Lichtenbergs heftige Kritik an Lavaters Physiognomik richtete sich nicht nur gegen den Autor der ›Fragmente‹, son-dern noch mehr gegen das »Heuschreckenheer von Physio-gnomikern, das seine Wärme ausgebrütet hat« und das, nach Lichtenbergs Überzeugung, in der Wissenschaft nur Schaden anrichten konnte. Lavater selbst nahm die Kritik ernst und versuchte seine fehlende Methodik damit zu rechtfertigen, daß einem einzelnen Menschen bei der Überfülle des Mate-rials einfach die Kräfte fehlten, um das Ganze auch noch systematisch zu ordnen und für Skeptiker akzeptabel zu ma-chen. Zumindest läßt sich kaum bestreiten, daß Lavaters in-tuitive Entdeckungen der modernen Ausdruckskunde einen Weg gebahnt und der Intuitionsforschung wichtige Anregun-gen gegeben haben.

Die Erforschung des Unbewußten

»Aus den Träumen der Menschen, wenn sie dieselben genau anzeigten, ließe sich vielleicht vieles auf ihren Charakter schließen. Es gehörte aber dazu nicht etwa einer, sondern eine ziemliche Menge... Wenn die Leute ihre Träume aufrichtig erzählen wollten, da ließe sich der Charakter eher daraus erraten als aus dem Gesicht«, schreibt Lichtenberg in seinen Aphorismen.

»Traumgesichte« waren von Propheten bekannt, und manche Dichter hatten in Träumen eine Inspiration erfahren. Lichtenberg aber hatte erkannt – und war darin mit einem berühmten Arzt und Philosophen des 16. Jahrhunderts, nämlich Paracelsus, einig –, daß Träume nicht nur Genies den Weg weisen, sondern für jeden Menschen von großer Bedeutung sein können. Denn Träume, davon war Lichtenberg überzeugt, weisen oft auf Probleme hin, die im wachen Zustand leicht übersehen werden, aber auf eine Lösung warten.

Noch stärker hatte Paracelsus die Bedeutung von Träumen betont: »Die Auslegung der Träume ist eine große Kunst«, hatte er schon im Jahre 1537 notiert. »Sie sind nie ohne Bedeutung, woher sie auch stammen mögen: aus der Phantasie, aus den Elementen oder aus einer anderen Eingebung...« Auch für schöpferische Imagination und Intuition könnten Träume wegweisend sein, schreibt Paracelsus, denn seit jeher seien den Künstlern im Traum Lehren über die Kunst geoffenbart worden. Aber nicht nur für Künstler seien Träume wichtig; jeder Mensch solle auf seine Träume achten: »Wie oft kommt es doch vor, daß einer morgens, wenn er aufsteht, sagt: ›Ich habe heute nacht einen wundersamen Traum gehabt‹... daß ihm aber der Traum dann wieder entfallen sei und er sich nicht mehr daran erinnern könne. – Wem es aber so ergeht, der sollte nach dem Aufstehen seine Kammer nicht verlassen, mit niemandem reden, so lange einsam und nüchtern bleiben, bis ihm alles wieder einfällt und er sich seines Traums entsinnt.«

Dieser Ratschlag wird heute von der Tiefenpsychologie sorgsam befolgt. Und auch ein anderer Gedanke des Paracelsus zieht sich wie ein roter Faden durch die Jahrhunderte und hat zur Deutung von Erscheinungen wie Inspiration, Imagination, Phantasie und Intuition entscheidend beigetragen: Außer den Träumen müsse man auch die »menschliche Heimlichkeit« beobachten und sie zu erkennen versuchen. Dieser Begriff, der bei Paracelsus immer wieder auftaucht, wird heute als ein Hinweis auf das sogenannte »Unbewußte« verstanden.

Das Unbewußte im »genialen« Künstler...

Von Paracelsus über Lichtenberg wurde das Unbewußte zu einem zentralen Thema, sowohl in der bildenden Kunst, Musik und Literatur, als auch in der Philosophie und der sich entwickelnden Psychologie. In seiner ›Kritik der Urteilskraft‹ untersuchte Immanuel Kant unter anderem die Frage, wie das Genie ein Kunstwerk schaffen kann, ohne sich dabei einer Methode bewußt zu sein; wie es dabei aber dennoch ein Produkt hervorbringt, aus dem Kritiker dann Kunstregeln ableiten können. Die schönen Künste, so meinte er, müssen notwendig als Künste des Genies betrachtet werden, und »Genie ist die angeborene Gemütslage, durch welche die Natur der Kunst die Regel gibt«.

Über den unbewußten künstlerischen Antrieb sagte Friedrich Schelling: »Die Aussage aller Künstler läßt schließen, daß sie zur Hervorbringung ihrer Werke unwillkürlich getrieben werden... (und daß) die ästhetische Produktion... im Gefühl einer unendlichen Harmonie... endet, (welche) der Künstler nicht sich selbst, sondern einer freiwiligen Gunst der Natur zuschreibt.« Die Poesie bestehe darin, das »Bewußtlose« auszusprechen. »Das Bewußtlose mit dem Besonnenen vereint macht den poetischen Künstler aus.«

Die Frage, wieweit eine schöpferische Intuition vom Bewußtsein wahrgenommen und vom Willen gesteuert werden kann, beschäftigte nicht nur in Deutschland Dichter und

Denker. »Ist ein Genie sich seiner Kräfte bewußt?« fragte der englische Essayist William Hazlitt Anfang des neunzehnten Jahrhunderts, und beantwortete diese Frage selbst ganz entschieden: »Das Genie definiert sich dadurch, daß es unbewußt handelt: wer unsterbliche Werke hervorgebracht hat, tat dieses, ohne zu wissen, wie oder warum...« Die Werke der bedeutenden Künstler »kamen aus ihrem Geist wie eine natürliche Geburt«. Auch der Dichter Samuel Taylor Coleridge war der Überzeugung, es finde »im Genie selbst eine unbewußte Aktivität statt. Mehr noch: diese ist das Genie im genialen Menschen.«

Gleichzeitig betonte Coleridge allerdings, daß man ein Kunstwerk nicht so betrachten dürfe, als sei es automatisch entstanden, ohne jede Vorbereitung und Anstrengung des Künstlers. Kunst bringe »die ganze Seele des Menschen zur Aktivität«, und die Einbildungskraft werde »zuerst vom Willen und Verstand angestoßen« und unter deren sanfter, wenn auch unbemerkter Kontrolle aufrechterhalten. Über die schöpferische Intuition des bedeutendsten englischen Dichters und Dramatikers William Shakespeare schreibt Coleridge:

»Was also können wir sagen? Soviel: daß Shakespeare – kein reines Naturkind, kein Genieautomat, kein passives Werkzeug der vom Geist beherrschten und ihn nicht beherrschenden Inspiration – zuerst einmal geduldig lernte, tief meditierte und genau verstand, bis das Wissen gewohnheitsmäßig und intuitiv wurde...«

...und im »normalen« Menschen

Geduldig lernen, tief meditieren und genau verstehen – das sind nicht nur die Voraussetzungen, die ein »Genie« zu seiner Entwicklung braucht, um schließlich intuitiv schaffen zu können. Auch der sogenannte »Normalmensch«, der nicht im Hauptberuf als Künstler tätig ist, benötigt diese Voraussetzungen, um in seinem täglichen Leben die Intuition zur Wirkung kommen zu lassen.

»Der Schlüssel zur Erkenntnis vom Wesen des bewußten

Seelenlebens liegt in der Region des Unbewußtseins«, hatte der Arzt, Maler und Psychologe Carl Gustav Carus 1846 festgestellt. Dieses »Unbewußtsein«, »Bewußtlose« oder »Unbewußte«, aus dem sich anscheinend sowohl die künstlerischen Schöpfungen als auch die alltäglichsten Empfindungen, Gefühle, Träume, Ängste und Genüsse speisten, wurde seit der Jahrhundertwende von der Psychoanalyse und Tiefenpsychologie systematisch erkundet. Auch der Begriff der Intuition, von der man bis dahin nur relativ vage Vorstellungen gehabt hatte, wurde allmählich etwas präziser gefaßt.

Zunächst allerdings mußte sich Sigmund Freud, der Pionier der Psychoanalyse, dafür rechtfertigen, daß er überhaupt »ein unbewußtes Seelisches« annahm und mit dieser Vermutung wissenschaftlich und therapeutisch arbeiten wollte. Aber Freud zweifelte nicht daran, daß die Annahme eines Unbewußten notwendig und legitim sei und daß es für die Existenz des Unbewußten auch hinreichende Beweise gebe. Denn die Angaben des Bewußtseins, so Freud, seien sehr lückenhaft: Sowohl bei Gesunden wie bei Kranken kämen »häufig psychische Akte vor, welche zu ihrer Erklärung andere Akte voraussetzen, für die aber das Bewußtsein nicht zeugt«.

Mit solchen »Akten« meinte Freud nicht nur die Fehlhandlungen oder Träume bei Gesunden und die psychischen Symptome bei Kranken, sondern auch alle kleinen alltäglichen Gedanken und Einfälle, deren Herkunft man nicht kennt, und alle Denkergebnisse, deren Ausarbeitung uns verborgen geblieben ist. Für die Existenz eines unbewußten psychischen Zustandes spricht nach Freuds Ansicht auch die Tatsache, daß »das Bewußtsein in jedem Moment nur einen geringen Teil erfaßt, so daß der größte Teil dessen, was wir bewußte Kenntnis heißen, sich ohnedies über die längsten Zeiten im Zustande der Latenz, also in einem Zustande von psychischer Unbewußtheit befinden muß«.

Während Freud sich bei seiner analytischen Arbeit vor allem mit den Erscheinungsformen des Sexualtriebs beschäftigte, untersuchten einige seiner Schüler und Kollegen andere Bereiche des Unbewußten. Zu den zahlreichen Themen, die sich der psychologischen Forschung anboten, gehörte bald auch die Intuition (die vor allem von Carl Gustav Jung untersucht wurde), die sogenannte »Menschenkenntnis« (mit der sich besonders Alfred Adler auseinandersetzte) und das »Hören mit dem dritten Ohr« (das Theodor Reik zum Forschungsobjekt machte).

Psychoanalyse und Intuition

Wie viele bedeutsame Entdeckungen und Erfindungen aus einer plötzlichen Eingebung heraus entstanden, so ist auch die Psychoanalyse die Frucht einer intuitiven Erkenntnis gewesen. Sigmund Freud betonte immer wieder, er habe seine besten Einsichten dadurch gewonnen, daß er solchen Eingebungen gefolgt sei.

Der Charakter der Gewißheit, den viele intuitive Einfälle haben, war für Freud so überzeugend, daß er sich oft genug in Widerspruch zu seinen medizinischen Kollegen und deren Auffassungen setzte und dennoch sicher war, letzten Endes recht zu behalten. Seine Auffassung von der Bedeutung der Träume und vom Wesen neurotischer Störungen machte viele seiner Berufskollegen zu seinen Gegnern. Aber selbst wenn man nicht alle Dogmen der orthodoxen Psychoanalyse akzeptiert, kann man Freuds Denkleistung und seine intuitiven Fähigkeiten nur mit großem Respekt betrachten.

Freud war aus Erfahrung zu der Ansicht gekommen, daß die Menschen nicht dazu geschaffen sind, Geheimnisse für sich zu behalten. Auch Geheimnisse, die man aus Scham oder Angst eigentlich für sich behalten möchte, werden im allgemeinen doch preisgegeben, wenn sich eine passende Gelegenheit dafür ergibt. Diese Gelegenheit bietet zum Beispiel die Psychoanalyse – frei über alles zu sprechen, was bedrückt, stört, quält oder Freude macht, und dabei sicher zu sein, daß diese Offenbarungen unter dem Siegel der ärztlichen Schweigepflicht verborgen bleiben.

Zu den Psychoanalytikern, die sich besonders intensiv mit der Intuition auseinandergesetzt haben, gehört der Freud-Schüler Theodor Reik. Reik beschäftigte sich vor allem mit den Beziehungen zwischen dem Unbewußten des Patienten und dem Unbewußten des Arztes.

Um sich in das Innenleben eines Patienten einfühlen und ihn aus einer Krise herausführen zu können, benötigt der Analytiker eine ausgeprägte Fähigkeit zur Intuition. Da ein Patient sich häufig nur ungenau und weitschweifig über seine Situation äußert, muß der Analytiker mit den Mitteln des Erahnens, Erratens und der freien Assoziation versuchen, an den Kern der Probleme heranzukommen. In seinem Buch ›Hören mit dem dritten Ohr‹ hat Reik untersucht, wie neue psychologische Einsichten gewonnen werden – entweder als Ergebnis langer, geduldiger Beobachtung oder als »plötzliche Blitze«.

»Hören mit dem dritten Ohr«

Reik ist überzeugt davon, daß psychologische Begabung angeboren ist, auch wenn man sie selbstverständlich durch Arbeit und Erfahrung differenzieren kann. Das Talent zur Einfühlung in andere Menschen und das Interesse daran sei ebenso angeboren wie Musikalität oder mathematische Begabung. So ist nach seiner Auffassung auch die Psychoanalyse nicht durch bohrende intellektuelle Arbeit entstanden. Freud selbst sagte oft, daß er zu seinen Entdeckungen durch »Vorurteile« und vorgefaßte Meinungen gekommen sei. Reik bezeichnet diese von Freud verwendeten Ausdrücke lieber mit den Begriffen »Ahnung« oder »Intuition«.

Wie entsteht nun eine Atmosphäre, in der die Intuition des Analytikers gefordert ist und sich günstigenfalls auch tatsächlich beweist?

Zunächst legt sich der Patient oder der Student, der eine Psychoanalyse machen will, im Behandlungszimmer auf eine Couch, entspannt sich und nimmt die Lage ein, in der er sich am bequemsten fühlt. Der Analytiker – hier ist von der freudianischen Psychoanalyse die Rede – sitzt hinter ihm auf einem Stuhl. Freud hatte diese Anordnung empfohlen, weil er selbst, wie er sagte, nicht mehrere Stunden am Tag angestarrt werden mochte. Außerdem verlange es zuviel Selbstkontrolle, seine spontanen Reaktionen nicht sofort durch Veränderungen des Gesichtsausdrucks zu verraten, wenn man dem Patienten zuhöre.

Während der Patient nun spricht, hört der Analytiker ihm, meistens schweigend, zu. Der Patient weiß zwar, daß der Analytiker im Raum ist, sieht ihn aber nicht. Er spricht also mehr vor sich hin als an den Analytiker gewandt. Wenn er sich an diese Situation gewöhnt hat, gelingt es ihm meistens, seine Gedanken, Erinnerungen und Assoziationen allmählich immer freier zu entfalten und zu formulieren. Nachdem er anfangs noch Mühe gehabt haben mag, über das konventionell kontrollierte Sprechen hinauszukommen, fällt es ihm immer leichter, auch über Empfindungen zu sprechen, für die er bisher keine Worte gefunden und vielleicht auch nicht gesucht hatte. Szenen aus der Vergangenheit treten plötzlich ganz deutlich vor sein »inneres Auge«, und Gefühle wie Liebe, Angst oder Wut kommen ungehemmt ans Licht.

Einen solchen Fall, in dem seine Intuition ihm einen richtigen Hinweis gegeben hatte, schildert Theodor Reik in ›Hören mit dem dritten Ohr‹. Eine junge Patientin, die wegen schwerer emotionaler Störungen eine Psychoanalyse machen wollte, hatte dem Analytiker einen ausführlichen Bericht über ihre Kindheits- und Jugenderlebnisse gegeben. Dabei war sie, wie ihm schien, sehr offen gewesen. Dann aber änderte sich ihre Haltung. Sie hatte von einem jungen Mann erzählt, mit dem sie einige Jahre lang fest befreundet gewesen war, dem sie aber, außer Küssen, keine weiteren Zärtlichkeiten erlaubt hatte. Zu ihrer Enttäuschung ließ der junge Mann sie eines Tages sitzen.

Ein irritierendes Erlebnis

Während die Patientin über dieses Erlebnis sprach, drehte sie sich auf der Couch plötzlich um, legte sich auf den Bauch und begann den Analytiker mit scharfen Blicken zu fixieren. Dasselbe tat sie auch während der folgenden Analysestunden, obwohl Reik versuchte, sie zu der sonst üblichen Position zu überreden. Das junge Mädchen versuchte mehrmals, sich auf den Rücken zu legen, aber wie unter Zwang drehte sie sich nach einiger Zeit wieder auf den Bauch und starrte den Analytiker an.

Dieses auffällige Verhalten war dem Analytiker bis dahin noch nicht vorgekommen. Es war nicht zu vergleichen mit dem Benehmen mancher männlicher Patienten, die dem Analytiker gegenüber mißtrauisch waren und ihm ins Gesicht sehen wollten, oder mit dem Verhalten mancher Patientinnen, die Angst vor einer sexuellen Annäherung hatten. Der Blick des jungen Mädchens löste in Reik vielmehr einen anderen Eindruck aus. Das junge Mädchen sah ihm nicht ins Gesicht, sondern auf seine Beine oder auf seine Jacke. Ihr Blick war dabei merkwürdig suchend und durchdringend. Reik spürte darin einen sexuellen Ausdruck. Die Art, wie die Patientin ihn ansah, verursachte ihm allmählich Unbehagen. So etwa muß es sein, dachte er, wenn eine Frau davon spricht, ein Mann habe sie »mit den Augen ausgezogen«. Aber dann verwarf er diesen Einfall doch als zu unwahrscheinlich und meinte, sich in seiner Deutung getäuscht zu haben.

Bei einer der nächsten Sitzungen erhielt er allerdings eine Bestätigung für seine intuitive Einsicht. Während die Patientin redete, hatte sie minutenlang wie gebannt auf die Socken des Analytikers gestarrt. Dann sagte sie plötzlich: »Ich sehe ein bißchen von ihrem Fleisch.« Reik reagierte nicht auf diese Bemerkung. Da richtete die Patientin ihre Augen auf sein Hemd, sprach einige Minuten weiter und sagte dann unvermittelt: »An Ihrem Hemd ist ein Knopf offen, man sieht Ihre Brust.« Bei diesen Worten sah sie ihm forschend ins Gesicht, als suche sie dort nach einem Anzeichen von Verlegenheit. Als Reik sein Hemd zuknöpfte, sah sie ihn mit einem triumphierenden Ausdruck an.

Wie war dieses provozierende Verhalten zu erklären? Mit seiner intuitiven Annahme, daß es dabei um Sexualität gehe, hatte Reik recht gehabt. In den folgenden Tagen erbrachte die Analyse den Beleg dafür. Der junge Mann, mit dem die Patientin so eng befreundet gewesen war, dem sie aber jegliche sexuelle Vertraulichkeit verweigert hatte, war offenbar von der Zurückhaltung seiner Freundin so frustriert worden, daß er allmählich Spaß daran gefunden hatte, das Mädchen dadurch zu verwirren, daß er häufig auf ihren Busen und ihre Beine starrte und dabei frivole Bemerkungen machte. Diese ihr unangenehme Situation hatte die Patientin bei der Analyse nun umgekehrt. Trotz der Trennung war sie dem ehemaligen Freund anscheinend innerlich noch sehr verbunden und hatte sich, wie dies nach psychoanalytischer Auffassung viele Frauen tun, mit dem Mann identifiziert, der sie verlassen hatte. Sie hatte die Persönlichkeit des Freundes gewissermaßen verinnerlicht und tat nun das, was er mit ihr getan hatte: Sie versuchte, den Partner in Verlegenheit zu bringen. Dies fiel ihr um so leichter, als sie ohnehin die angebliche »Überlegenheit« von Männern nicht anerkannte und dafür eintrat, daß Frauen ebenso wie Männer das Recht haben sollten, in aller Offenheit um das andere Geschlecht zu werben.

Die Bedeutung des Schweigens

Eine Psychoanalyse ist kein normales Gespräch, bei dem jeweils einer der Partner das Wort hat und der oder die andere zuhört, bis der Sprecher wiederum durch Sprechen abgelöst wird. In der Psychoanalyse findet ein Monolog des Patienten statt, der durch das Schweigen des Analytikers, je nach Betrachtungsweise, ermutigt oder erzwungen wird.

Diesem Schweigen des Analytikers schreibt der Patient gewisse Bedeutungen zu. Das Schweigen signalisiert aufmerksames Zuhören, wenn ein Patient bereit ist zu sprechen. Es kann eine beruhigende Wirkung haben, als ein Zeichen von Sympathie gewertet werden. Es kann zu freiem Reden ermutigen, zu angstfreier Äußerung beklemmender Probleme, aber auch zu ungeahnten Flügen der Phantasie.

Wie sich aus den vielfältigen Informationen, die der Patient dem Analytiker mitteilt, allmählich eine Basis für die Arbeit der Intuition entwickelt, erklärt Reik so: In der Anfangsphase der Analyse wird der Analytiker langsam mit der Persönlichkeit des Patienten bekannt. Er erfährt vieles über dessen Konflikte, Symptome, Hemmungen und Ängste, soweit der Patient dies formulieren kann. Alle diese Informationen nimmt der Analytiker bewußt wahr und noch einige dazu, nämlich diejenigen, die durch bestimmte Gesten, durch Sprechpausen oder durch Veränderung der Tonlage mitgegeben werden.

Diesem ersten Teil der Analyse folgt oft, wie Reik feststellt, eine Phase der Verwirrung und Unsicherheit. Das Material ist meist umfangreich, ungeordnet, es verlangt nach Bearbeitung, und der Analytiker, der helfen möchte, fühlt sich zunächst etwas ratlos und vielleicht auch etwas ungeduldig gegenüber dem Analysanden. Warum entwickelt der Patient neurotische Symptome, statt der Wirklichkeit ins Auge zu sehen und ihr als erwachsener Mensch gegenüberzutreten? Warum treten immer wieder die gleichen Fehlleistungen, die überflüssigen Ängste, die Zwänge, die Alpträume auf? Könnte diese emotionale und intellektuelle Energie nicht viel besser anderswo eingesetzt werden, statt daß sie hier sinnlos verschwendet wird?

Dieser Phase der vorläufigen Ungewißheit muß der Analytiker mit innerer Ruhe begegnen. Er muß sich in Geduld üben, warten und sorgfältig alle Eindrücke sammeln, die ihm geboten werden. Er muß diese Eindrücke prüfen, gegebenenfalls korrigieren und sie immer wieder mit den neu hinzukommenden Berichten des Patienten vergleichen. Wenn man sich diese Zeit genommen hat, beginnen die psychologischen Phänomene allmählich ein erkennbares Muster zu bilden; der seelische Konflikt und seine unbewußten Ursachen verlieren ihren rätselhaften Charakter. Der Analytiker hat sich das vom Patienten ausgebreitete Material »unbewußt einverleibt«, wie Reik es formuliert, und in der letzten Phase des analytischen Prozesses tauchen die assimilierten Daten wieder im Bewußtsein auf. Jetzt können sie neu formuliert und gedeutet werden.

»Unbewußte Einverleibung«

In der Phase der »unbewußten Einverleibung« geschieht also etwas, das für die Analyse entscheidend wichtig ist. Psychoanalytisch gesprochen, versucht das Unbewußte des Analytikers, das Unbewußte des Patienten wahrzunehmen. Für diese unbewußte Wahrnehmung gibt Reik ein Beispiel.

Ein Patient erzählte ihm, er habe am vorhergehenden Tag einen heftigen Streit mit seiner Freundin gehabt. Zuerst hatte man über den Gesundheitszustand des Mädchens gesprochen, das sich während der letzten Zeit schwach und schlecht fühlte. Sie befürchtete, an Tuberkulose zu leiden; sie wiege zuwenig und müsse zunehmen. Der junge Mann, Reiks Patient, hielt das aber nicht für notwendig, er widersprach ihr aus ästhetischen Gründen.

An dieser Stelle hatte Reik den intuitiven Einfall, bei dem Streit könne es sich, unbewußt, um den Wunsch des Mädchens nach einem Kind handeln. Der Analytiker wußte zunächst nicht, woher ihm diese »Erleuchtung« gekommen war. Bei längerem Nachdenken kam ihm wieder in den Sinn, daß, etwa anderthalb Jahre vorher, der junge Mann ihm erzählt hatte, seine Freundin habe auf seinen Wunsch hin vor einiger Zeit eine Abtreibung machen lassen. Sie habe keinen Einwand dagegen erhoben und später auch kaum noch darüber gesprochen. Sollte das Wort »zunehmen«, das das Mädchen im Zusammenhang mit essen benutzt hatte, auf ein anders verursachtes »Zunehmen« hinweisen, nämlich auf eine erwünschte Schwangerschaft?

Tatsächlich stellte sich diese Intuition wenig später als zutreffend heraus. Daß Reik, so lange nach der Information seines Patienten über die damalige Abtreibung, sich zur rechten Zeit wieder an diese Mitteilung erinnerte und sie mit dem jetzigen Konflikt des Paares in Zusammenhang brachte, erklärte der Psychoanalytiker damit, daß sein eigenes Unbewußtes als Wahrnehmungsinstrument fungiert und die geheime Bedeutung bereits erfaßt hatte, die dem Paar noch verborgen war. Allerdings muß man hinzufügen, daß das Unbewußte natürlich auch nur aufgrund bereits gegebener Zeichen eine verborgene Bedeutung aufdecken kann. Die Intuition hatte also, auf unbewußtem Wege, mit vorhandenen Daten gearbeitet und sie zu einem erkennbaren Muster verbunden, das dem Analytiker im richtigen Moment als eine Art »Aha-Erlebnis« zu Bewußtsein kam.

Unterschwellige Wahrnehmungen

Diese Daten aber stammen nicht nur aus wörtlicher Information, aus Mitteilungen, die sich an das Bewußtsein richten. Viele, wahrscheinlich die meisten solcher Daten werden durch unbewußte Sinneswahrnehmungen aufgenommen, also durch Sehen, Hören, Fühlen oder Riechen von Einzelheiten, die ein Gesamtbild ergänzen, ohne daß wir auf diese Sinneseindrücke direkt achten. Alle diese verborgenen Wahrnehmungen beeinflussen unsere Meinung, unsere Wertungen, unsere intuitiven Urteile. Zu solchen unbewußten Beobachtungen, die unser Bild von einem anderen Menschen entscheidend beeinflussen, kann schon ein Händedruck gehören, der uns unterschwellig etwas über den Partner sagt. Der Ausdruck der Augen kann ebenso wesentlich für den Gesamteindruck sein wie ein bestimmter Geruch, den wir unbewußt wahrnehmen. Vor allem kann die Stimme eines Menschen auf unser Urteil einwirken, ohne daß wir dies gleich bemerken. Manchmal kann uns eine Stimme, die wir hören, ohne den Sprecher zu sehen, mehr über diesen sagen, als wenn wir ihn beobachten würden. Dabei kann der Ton wichtiger sein als der Inhalt des Gesagten.

Wenn es zutrifft, daß »nichts in unserem Verstand ist, was nicht vorher von den Sinnen wahrgenommen wurde«, wie Kant und andere Philosophen gelehrt haben, dann müssen die Sinne eine ausschlaggebende Rolle beim Zustandekommen einer Intuition spielen. Freud hielt es für wahrscheinlich, daß zum Beispiel der Geruchssinn beim Menschen durch die Entwicklung des aufrechten Ganges sehr reduziert wurde. Wenn man an den Richtungssinn der Bienen denkt, an die Fähigkeit von Zugvögeln, sich über Tausende von Kilometern hin zu orientieren, an den Lichtsinn bei Insekten, an die instinktive Wahrnehmung von Gefahr bei verschiedenen Tieren, dann stellt man fest, daß der Mensch diesen Sinnesfunktionen kaum etwas Vergleichbares entgegenzusetzen hat.

Viele Forscher sind der Auffassung, daß solche Sinnesfunktionen beim Menschen zwar auch einmal vorhanden waren, aber im Laufe der Entwicklung abgestumpft und heute nur noch als Rudimente vorhanden, nur noch ansatzweise zu erkennen sind. Redewendungen wie etwa »eine Sache stinkt« oder »jemanden nicht riechen können« deuten, wie Theodor Reik glaubt, noch auf diesen ehemals auch beim Menschen vorhandenen verfeinerten Geruchssinn hin. »Der Selbstverrat tropft uns aus allen Poren«, hatte Freud einmal bemerkt und damit auf die Unfähigkeit des Menschen angespielt, seine innersten Empfindungen auf die Dauer für sich zu behalten. Möglicherweise ist, so vermutet Reik, die Haut dasjenige Organ des Menschen, das in früheren Phasen der Evolution das einzige Medium dieses »Selbstverrats« war. Auch heute noch spiegeln ja Vorgänge wie das Erblassen oder Erröten sehr deutlich wahrnehmbar seelische Prozesse wider.

Rückgriff auf unbewußte Sinne

Bei Forschungen über einfache Tiergesellschaften zu Beginn dieses Jahrhunderts waren Biologen zu der Auffassung gekommen, daß es, zumindest bei bestimmten Tierarten, eine Art telepathischer Kommunikation gebe. So verursachte zum Beispiel ein winziger Reiz, der auf eine Raupe ausgeübt wurde, innerhalb einer ganzen Raupengruppe ein plötzliches Herzklopfen. Man nahm bei diesen Tiergesellschaften eine »überindividuelle Gruppenseele« an. Auch Sigmund Freud hat die Möglichkeit einer solchen direkten psychischen Kommunikation nicht ausgeschlossen: Wenn auch beim Menschen die ursprünglichen archaischen Kommunikationsmittel inzwischen durch höherentwickelte Methoden ersetzt worden seien, so sei es doch denkbar, daß ältere Methoden noch als Reste überlebten und unter gewissen Bedingungen aktiviert würden.

Solche Bedingungen bestehen, wie Reik meint, zum Beispiel bei der Psychoanalyse, wo das Unbewußte zweier Partner zusammentrifft. Eine solche telepathische Kommunikation nennt Reik allerdings nicht »übersinnlich«. Er sieht darin nur die früheren Wahrnehmungsfähigkeiten wieder zum Leben erweckt, die unserem Bewußtsein im Laufe der Entwicklung abhanden gekommen sind. Durch Reize, die nicht die Schwelle des Bewußtseins überschreiten, werden die bewußten Sinneswahrnehmungen ergänzt und die Erkenntnis entscheidend verbessert.

Der Rückgriff auf diese unbewußten Sinne, die möglicherweise früher eine sehr große Rolle für die lebenden Organismen gespielt haben – und die wahrscheinlich sehr viel schneller arbeiten als die bewußten Sinne, die sich erst später entwickelt haben –, erweckt vielleicht manchmal den Eindruck, als gehe die Telepathie ohne jede Sinneswahrnehmung vor sich. Man spricht deshalb auch von »außersinnlicher« Wahrnehmung. Wenn man die Telepathie als psychisches Phänomen anerkennt, bedeutet das aber nicht, daß man hier rätselhafte prophetische Kräfte oder die Einwirkung höherer Mächte unterstellt. Wir müssen ganz einfach zugeben, daß unsere Kenntnis bisher noch nicht ausreicht, um Phänomene wie die Telepathie zu erklären.

Die Entwicklung der Zivilisation hat allmählich dazu geführt, daß einige Sinne des Menschen fast abgestorben sind. Die Sinneswahrnehmungen haben im Laufe der Zeit an Bedeutung verloren. Heute werden sie in vielen Bereichen fast ganz ignoriert, weil alle »Erkenntnis« vom Intellekt verlangt wird, der messen, wägen und prüfen soll. Sinnliche Wahrnehmungen dienen beinahe nur noch der Vorbereitung für ein intellektuelles »Erfassen«. Der Psychoanalytiker muß aber auch die verdrängten, verkümmerten Sinnesorgane benutzen, um unbewußte Vorgänge ins Bewußtsein zu heben. Er muß lernen, mit dem »dritten Ohr« zu hören.

Dazu gehört auch, wie Reik betont, den ersten, kaum

merklichen Eindrücken, die man von einem Menschen empfängt, Aufmerksamkeit zu schenken. Ob erste Eindrücke immer richtig sind, bleibe dahingestellt; wichtig aber sind sie in jedem Fall. Oft enthalten sie eine Wahrheit, wenn auch manchmal in verzerrter Form.

Daß sich so relativ wenige Psychologen intensiv mit diesen »untersinnlichen« Wahrnehmungen beschäftigen, erklärt Reik vor allem damit, daß »die Anbetung der heiligen Kuh Objektivität« dies verhindere. Die Pseudogenauigkeit, die Fakten und Zahlen seien das, womit die Psychologie ihre Wissenschaftlichkeit beweisen wolle. Bei analytischen Diskussionen werde »die unbewußte Station, die fast alle Arbeit leistet«, einfach ausgelassen. Das sei fast so, als würde man über Akustik diskutieren, ohne dabei das Ohr zu erwähnen, oder über Optik, ohne vom Auge zu sprechen.

Einsicht auf den ersten Blick

Erste Eindrücke können manchmal zu einer plötzlichen Einsicht führen, die sonst erst viel später in mühseliger psychologischer Arbeit hätte gewonnen werden können. Als Beispiel nennt Reik sein Erlebnis mit einem jungen Harvard-Studenten. Der Student sprach in seiner ersten Analyse-Stunde mit sehr leiser Stimme, obwohl das, was er sagte, sehr vernünftig und gut überlegt klang. Reik bat ihn, etwas lauter zu sprechen. Der Student versuchte das, sprach aber nach wenigen Minuten schon wieder so leise, daß der Analytiker ihn nun kaum noch verstehen konnte. Zunächst hielt er den Studenten für schüchtern oder ängstlich und glaubte, daß es ihm vielleicht schwerfiele, vor einem fremden Menschen die Konflikte seiner Kindheit auszubreiten. Da eine Analyse aber, selbst bei größter Einfühlsamkeit des Analytikers, nicht stattfinden kann, wenn der Patient akustisch überhaupt nicht zu verstehen ist, unterbrach Reik noch einmal den gemurmelten Monolog des Studenten. Der Analytiker spürte nämlich intuitiv, daß die Art, wie sein Patient sprach, bedeutsamer war als das, was er inhaltlich sagte.

Diese Ahnung stellte sich als richtig heraus. Wie der Student anschließend berichtete, hatte er sich im Laufe mehrerer Jahre angewöhnt, leise und beherrscht zu reden – in einer Art Opposition zu seinen Eltern, die beide sehr temperamentvoll waren, laut sprachen und lebhaft gestikulierten. Als osteuropäische Einwanderer waren sie dies gewohnt, aber der in Amerika geborene Sohn begann sich in der neuen Umgebung allmählich seiner »ungebildet« auftretenden Eltern zu schämen. Verbissen bemühte er sich, seine eigenen Emotionen nie nach außen dringen zu lassen, und gewöhnte sich dabei eine fast unnatürlich beherrschte Sprechweise an, die seinem an sich leidenschaftlichen Wesen aber nicht entsprach. So kam es immer öfter zu Konflikten, sowohl mit seiner Umgebung als auch mit sich selbst.

Daß der Analytiker sich zwangsläufig auf eine scheinbare Nebensache, das leise Sprechen, einstellen mußte und darin ein Symptom des Konfliktes vermutete, brachte die Analyse schon vom ersten Tag an auf die richtige Spur.

»Bestrafung« für Unaufmerksamkeit

Wenn ein Analytiker allerdings nicht auf die kleinen Hinweise reagiert, die ihm die Intuition bietet, wird er für diese Unaufmerksamkeit oft mit zusätzlicher Arbeit, mit erhöhter geistiger und emotionaler Anstrengung »bestraft«. Auch zu solchen Fällen gibt Reik ein Beispiel aus seiner eigenen Praxis.

Ein junger Mann war wegen nervöser Symptome, die sein privates und sein berufliches Leben behinderten, in die Psychoanalyse gekommen. Innerhalb einiger Gesprächsstunden gelang es Reik zwar, die Nervosität etwas abzubauen; aber die eigentliche Ursache für die Beschwerden konnte er nicht finden. Der Patient war ein intelligenter, guterzogener Mann, mit viel Witz und einem ausgesprochenen Erzähltalent. Alles, was er sagte, klang interessant, sei es, daß er über seine sexuellen Abenteuer, seine Verwandten und Freunde oder über seine eigenen neurotischen Symptome sprach.

Wie es allerdings wirklich in ihm aussah, enthüllte er eines

Tages dem Analytiker, ohne es selbst zu merken. Er erzählte, daß seine Freundin, die seinen Geschichten lange zugehört hatte, ihn lächelnd gefragt hatte: »Aber John, weshalb strengst du dich so an? Ich bin doch kein Mädchen, das du gestern erst kennengelernt hast!«

Diese Bemerkung öffnete dem Analytiker auf einmal die Augen. Bis zu diesem Zeitpunkt hatte er völlig überhört, daß sein Patient während der letzten Wochen gar nicht zu ihm gesprochen, sondern ihn unterhalten hatte. Der junge Mann hatte unterhaltsame Geschichten erzählt, dabei aber nichts von sich selber preisgegeben. Indem er auf demonstrative Art ganz freimütig über sich redete, versteckte er sich wie ein Romanautor hinter seiner Hauptperson.

Nun aber, durch den Hinweis des jungen Mädchens, wurde dem Analytiker schlagartig klar, daß sein Patient mit seinen sprühenden Einfällen nur seine Minderwertigkeitsgefühle zu kompensieren versuchte. Er stand offenbar unter dem Zwang, alle Leute, mit denen er zusammen war, ständig unterhalten zu müssen, um sie für sich zu gewinnen und dadurch sein tiefes Unsicherheitsgefühl zu überwinden. Auch Reik selbst hatte sich von diesen permanenten Anstrengungen lange Zeit blenden lassen – bis ein einfühlsames junges Mädchen, ohne besondere psychologische Kenntnisse, ihm mit ihrem guten »Gespür« einen wichtigen analytischen Hinweis gegeben hatte.

Menschenkenntnis durch Einfühlung

»Es ist ein Glück für die Welt, daß die wenigsten Menschen zu Beobachtern geboren sind«, glaubte Goethe feststellen zu können. »Wie der Mensch ißt und trinkt und verdaut, ohne zu denken, daß er einen Magen hat, also sieht er, vernimmt er, handelt und verbindet seine Erfahrungen, ohne sich dessen eigentlich bewußt zu sein. Ebenso wirken auch die Züge und das Betragen anderer auf ihn, er fühlt, wo er sich nähern oder entfernen soll, oder vielmehr, es zieht ihn an oder stößt ihn weg, und so bedarf er keiner Untersuchung, keiner Erklärung.«

Gilt Goethes Urteil auch heute noch? Zumindest in der ersten Hälfte dieses Jahrhunderts schien es noch zuzutreffen. Unsere Menschenkenntnis, so fand der Psychologe Alfred Adler, sei äußerst ungenügend. Obwohl hier eine riesige Aufgabe vor uns liege, habe die Menschheit immer noch nicht damit begonnen, sie zielbewußt und systematisch anzugehen. Immer habe es nur einige wenige Menschen gegeben, denen man eine mehr als durchschnittliche Menschenkenntnis zubilligen konnte.

Nach der Auffassung des Individualpsychologen Adler hängt dieses Manko damit zusammen, daß wir uns, mehr als in früheren Zeiten, voneinander abkapseln. »Nie dürften die Menschen so isoliert gelebt haben wie heutzutage«, schreibt Adler. »Unsere ganze Art des Lebens gestattet uns keinen so intimen Kontakt mit unseren Mitmenschen, wie er zur Entfaltung einer Kunst, wie Menschenkenntnis ist, unumgänglich notwendig ist... Die schwerwiegendste Folge dieses Mangels ist, daß wir in der Behandlung unserer Mitmenschen und im Zusammenleben mit ihnen meist versagen.«

Wenn die Menschenkenntnis größer wäre, meint Adler, würden die Menschen viel besser miteinander umgehen können. Vor allem würden sie, wenn sie einander besser verständen, sich nicht mehr gegenseitig täuschen und auf Verstellungen hereinfallen. Denn in dieser Täuschungsmöglichkeit liegt, so Adler, eine ungeheure Gefahr für die Gesellschaft.

Zweifellos hat Adler mit dieser Ansicht recht, sowohl was das private Leben als auch was die politische Verführbarkeit angeht. Wie aber kann man Menschenkenntnis lernen – kann man es überhaupt?

Adler ist davon überzeugt, daß sich Menschenkenntnis im praktischen Umgang mit anderen systematisch verbessern läßt. Dazu muß allerdings viel Erfahrung gesammelt werden. »Man muß jede Erscheinung im Seelenleben sozusagen miterlebt und in sich aufgenommen, den Menschen durch seine Freuden und Ängste begleitet haben, wie etwa ein guter Maler in die Züge eines Menschen, den er porträtieren will, nur das hineinlegen kann, was er von ihm erfühlt...«

Der beste Menschenkenner ist der
»reuige Sünder«

Für diese ständige einfühlsame Beobachtung bringen aber nicht alle Menschen das gleiche Interesse und die gleiche Begabung mit. Besonders geeignet dafür sind nach Adlers Ansicht solche Menschen, die sich auf irgendeine Weise den Kontakt zu den Mitmenschen bewahrt haben und die noch Optimisten sind »oder wenigstens kämpfende Pessimisten, solche, die der Pessimismus noch nicht zur Resignation getrieben hat«. Zu diesem Kontakt muß eine möglichst intensive Lebenserfahrung hinzukommen. Denn, so Adler, »wirkliche Menschenkenntnis wird bei unserer mangelhaften Erziehung heute eigentlich nur einem Typus von Menschen zukommen, das ist der ›reuige Sünder‹, derjenige, der entweder drinnen war in all den Verfehlungen des menschlichen Seelenlebens und sich daraus gerettet hat, oder der wenigstens nahe daran vorbeigekommen ist«.

Der »reuige Sünder«, dem ja auch in der Bibel ein so hoher Wert beigemessen wird, daß es heißt, über ihn sei im Himmel mehr Freude als über tausende Gerechte, die der Buße nicht bedürfen, ist demnach am besten in der Lage, sich in andere Menschen hineinzuversetzen. Da er selbst offenbar die Kraft gefunden hat, sich aus illegalen Verstrickungen zu befreien, darf man ihm, wie Adler glaubt, ein besonders hohes Maß an Einfühlungsvermögen gegenüber anderen Menschen zutrauen.

Unter Einfühlung versteht Adler nicht nur den Vorgang des seelischen Sichhineinversetzens in einen Menschen. Einfühlung ermöglicht zwar einerseits, zu empfinden, was jetzt und hier geschieht. Sie ermöglicht aber zugleich auch einen Blick in die Zukunft. Das Vorausschauen ist für den Menschen eine unerläßliche Notwendigkeit. »Wenn ich genötigt bin, mir vorzustellen, zu denken, wie ich mich im Falle einer auftauchenden Frage benehmen werde«, erklärt Adler, »so bin ich auch gezwungen, über jene Empfindungen ein festes Urteil zu bekommen, die sich aus der gegenwärtig noch nicht herangereiften Situation ergeben könnten.«

Grundsätzlich verfügt jeder Mensch über ein gewisses Maß an Einfühlungsvermögen. »Einfühlung kommt schon zustande, wenn man mit jemandem spricht. Es ist unmöglich, mit einem Menschen Fühlung zu bekommen, wenn keine Einfühlung in die Lage des anderen vorhanden ist.« Die Fähigkeit, so zu empfinden, als sei man ein anderer, erklärt Adler mit einem »angeborenen Gemeinschaftsgefühl«. Dieses Gemeinschaftsgefühl ist allerdings, ebenso wie das Einfühlungsvermögen, bei allen Menschen unterschiedlich gut entwickelt.

C. G. Jungs Intuitionsbegriff

»Intuition (von intueri = anschauen) ist nach meiner Auffassung eine psychologische Grundfunktion. Die Intuition ist diejenige psychologische Funktion, welche Wahrnehmungen *auf unbewußtem Wege* vermittelt. Gegenstand dieser Wahrnehmung kann alles sein, äußere und innere Objekte oder deren Zusammenhänge. Das Eigentümliche der Intuition ist, daß sie weder Sinnesempfindung noch Gefühl, noch intellektueller Schluß ist, obschon sie auch in diesen Formen auftreten kann. Bei der Intuition präsentiert sich irgendein Inhalt als fertiges Ganzes, ohne daß wir zunächst fähig wären, anzugeben oder herauszufinden, auf welche Weise dieser Inhalt zustandegekommen ist. Die Intuition ist eine Art instinktiven Erfassens, gleichviel welcher Inhalte. Sie ist, wie die Empfindung, eine *irrationale* Wahrnehmungsfunktion. Ihre Inhalte haben wie die der Empfindung, den Charakter der Gegebenheit, im Gegensatz zu dem Charakter des ›Abgeleiteten‹, ›Hervorgebrachten‹ der Gefühls- und Denkinhalte…«

Auf diese ausführliche und zunächst etwas abstrakt klingende Weise definierte der Schweizer Psychologe Carl Gustav Jung, in seinem Buch ›Psychologische Typen‹ (1921), die Intuition. Da diese Definition bis heute nichts von ihrer Bedeutung verloren hat – es sei denn, jemand lehne den Begriff der Intuition überhaupt ab –, ist es sinnvoll, sich mit Jungs Typenlehre etwas näher zu beschäftigen.

Jung unterscheidet vier sogenannte Grundfunktionen, zu

denen er auch die Intuition zählt. Unter einer psychologischen Funktion versteht Jung »eine gewisse, unter verschiedenen Umständen sich prinzipiell gleichbleibende psychische Tätigkeitsform«. Die vier Grundfunktionen, die Jung unterscheidet, sind das Denken, das Fühlen, das Empfinden und die Intuition. Diese Funktionen haben sich, wie er erklärt, im Laufe seiner analytischen und therapeutischen Arbeit als grundlegend herausgestellt.

Daß sich Denken und Fühlen voneinander unterscheiden, ist leicht nachzuvollziehen. Schwieriger ist es schon, einen deutlich wahrnehmbaren Unterschied zwischen Fühlen, Empfinden und Intuition zu erkennen. In der Intuition sieht Jung zunächst einmal diejenige psychologische Funktion, die Wahrnehmungen *auf unbewußtem Wege* vermittelt. Das bedeutet: Wir wissen etwas, ohne zu wissen, woher wir es wissen. Ein unbewußter Inhalt dringt, ohne Zutun des Willens, als eine plötzliche Idee oder Ahnung an die Oberfläche des Bewußtseins. Man könnte von einer instinktiven Wahrnehmung sprechen, doch Jung setzt den Begriff »Instinkt« von »Intuition« deutlich ab. Instinkte hält er für zweckmäßige Impulse, die notwendig sind, um eine komplizierte Handlung durchzuführen; Intuition dagegen sei eine unbewußte Annäherung an eine komplizierte Situation.

Aber nicht nur der unbewußte Charakter ist wesentlich für die Intuition – sie ist, wie die Empfindung auch, eine irrationale Wahrnehmungsfunktion, das heißt, sie ist mit der Vernunft zunächst nicht zu begründen. Erst nachträglich kann man gelegentlich logische Gründe dafür finden, weshalb man jemanden »auf Anhieb« sympathisch fand oder jemand anderen schon vom ersten Moment an »nicht riechen« konnte.

Der intuitive Einstellungstyp – introvertiert...

Jemand, der sich im Umgang mit sich selbst und der Umwelt vorwiegend von seiner Intuition, also von unbewußten Wahrnehmungen, leiten läßt, wird von der analytischen

Psychologie als intuitiver Einstellungstypus bezeichnet. Je nachdem, ob ein solcher Mensch sich mehr auf das innere »Anschauen« konzentriert oder sich stärker nach außen wendet, wird man in ihm einen introvertierten oder einen extravertierten Intuitiven sehen.

Wenn ein besonders intuitiv veranlagter Mensch zu einer introvertierten Haltung neigt, nennt man ihn gern »verträumt«. Diese Einschätzung ist doppeldeutig. Wird sie positiv verstanden, kann sie auf eine künstlerische Begabung hinweisen. Häufig wird sie aber negativ aufgefaßt; dann deutet sie eher auf »Phantasterei«, »mangelnden Realitätssinn« und »Lebensuntüchtigkeit« hin. »Der Intuitive bleibt in der Regel beim Wahrnehmen, sein höchstes Problem ist das Wahrnehmen, und – sofern er ein produktiver Künstler ist – die Gestaltung der Wahrnehmung. Der Phantast aber begnügt sich mit der Anschauung, durch die er sich gestalten, das heißt determinieren läßt«, schreibt Jung zu diesen unterschiedlichen Ausformungen der intuitiven Veranlagung.

Das Problem für einen introvertierten Intuitiven besteht oft darin, daß er sich innerlich von der greifbaren Wirklichkeit weit entfernt und seine Umgebung dadurch irritiert oder sogar abstößt. Aus dieser Lage, falls er sie überhaupt als bedrohlich erkennt, rettet ihn allenfalls die Kunst. Denn einem Künstler gesteht man im allgemeinen ein gewisses Maß an »Weltfremdheit« oder »Kauzigkeit« zu. Schwerer hat es da der introvertierte Intuitive, der für seine zurückhaltende Beobachtung (die ihm manchmal als Uninteressiertheit oder Dummheit, manchmal auch als Arroganz ausgelegt wird) keine künstlerische Rechtfertigung vorweisen kann.

Denn da der introvertierte Intuitive sich oft nicht oder nur wenig über das äußert, was er wahrnimmt, entzieht er sich, meist ohne es zu wissen und zu wollen, einer eindeutigen Beurteilung durch seine Umgebung. Er wird dann als »irgendwie ungreifbar« oder als »schillernde Persönlichkeit« beschrieben. Da seine hauptsächliche Tätigkeit sich nach innen richtet, wirkt er äußerlich teilnahmslos oder sogar gehemmt und unsicher. Gelegentlich wirft man ihm auch vor, er beobachte nur die Verhaltensweisen anderer, gebe aber von sich selbst nichts preis. Dabei ist die Erklärung für dieses zurückhaltende Benehmen häufig die, das der introvertierte Intuitive seine Wahrnehmungen selbst nicht für mitteilenswert hält, oder aber, daß er die riesige Menge von Einzelwahrnehmungen in keine systematische Form kleiden kann, um sie anderen mitteilen zu können. Auf jeden Fall sorgt sein Verhalten dafür, daß er entweder unterschätzt oder zumindest nicht richtig begriffen wird.

Das irritiert nun wiederum den mißverstandenen Menschen. Da er, entsprechend seiner Veranlagung, wenig Urteilskraft hat (denn dazu würde er andere Funktionen als seine Intuition benötigen), kann er nicht begreifen, warum er von seiner Umgebung nicht richtig eingeschätzt wird. Er selbst empfindet ja seine subjektiven inneren Wahrnehmungen als äußerst interessant; was er nicht wahrnimmt, ist, daß er seiner Umgebung, eben weil er introvertiert ist, nur sehr spärliche Informationen über sein reiches Innenleben gibt. Der fragmentarische Charakter seiner Mitteilungen stellt zu hohe Anforderungen an die Bereitschaft der anderen, ihm mit der gebührenden Aufmerksamkeit zuzuhören und ihn auch wirklich verstehen zu wollen. Nur dem Dichter wird zugebilligt, sich auch der knappen Ausdrucksform zu bedienen und den Lesern eine intensive Mitarbeit abzuverlangen.

Von einem rationalistischen Standpunkt aus gesehen, sind introvertiert-intuitive Einstellungstypen anscheinend völlig nutzlose Mitglieder der menschlichen Gesellschaft. Betrachtet man sie aber unter einem weiteren Blickwinkel, dann sind sie, wie Jung es formuliert, »lebendige Zeugen für die Tatsache, daß die reiche und vielbewegte Welt und ihr überquellendes und berauschendes Leben nicht nur außen, sondern auch innen ist, ... lehrreich für den, der sich nicht von der jeweiligen Mode verblenden läßt«. Menschen von dieser Einstellung können, mehr durch die Art, wie sie leben, als durch das, was sie sagen, als Kulturförderer und Erzieher wirken. Nach Jungs Auffassung demonstrieren sie beispielhaft, daß es ein großer Irrtum ist, sich bei der Erziehung nur auf Worte und Methoden zu verlassen. Kinder ließen sich zwar durch große

Worte von Eltern und Lehrern offenbar beeindrucken; in Wirklichkeit aber würden Kinder durch das geprägt, was die Erwachsenen ihnen vorleben.

...und extravertiert

Der extravertierte Intuitive ist, nach C. G. Jungs Definition, ein Mensch, der sich stark auf äußere Objekte richtet und von äußeren Situationen abhängig ist – ebenfalls unbewußt, wie der introvertierte Intuitive. Auffällig ist beim Intuitiven, daß er sich nie dort befindet, »wo allgemein anerkannte Wirklichkeitswerte zu finden sind, sondern immer da, wo Möglichkeiten vorhanden sind«. Die gegenwärtige Realität bedeutet ihm nur das Sprungbrett zur nächsten, er ist ganz auf das Zukünftige ausgerichtet, für das er oft ein feines Gespür hat. Stabile, gesicherte Verhältnisse findet dieser Einstellungstyp deshalb meist erdrückend. Er ist immer auf der Suche nach neuen Möglichkeiten. Selbst wenn es die besten Argumente dafür gäbe, eine erreichte Situation als richtig und endgültig zu bewerten, wird ihn nichts daran hindern können, bei nächster Gelegenheit eben diese Situation, die kurz vorher noch verlockend schien, als Gefängnis zu empfinden und nach einer Fluchtmöglichkeit Ausschau zu halten.

Daß der extravertierte Intuitive einen so unsteten Eindruck macht, oft als treulos, nicht vertrauenswürdig oder gar moralisch skrupellos eingestuft wird, liegt daran, daß er – immer entsprechend der Jungschen Typenlehre – nicht fähig zu klaren Urteilen ist. Denn dafür braucht er die Funktionen des Denkens und Fühlens, die bei ihm aber unterentwickelt sind und deshalb der Kraft der Intuition nicht genügend Widerstand leisten können. Die Moral des Intuitiven besteht in erster Linie in der Treue zur eigenen Anschauung; Rücksicht auf seine Umgebung nimmt er kaum, weder im Hinblick auf das körperliche Wohlbefinden, noch in bezug auf Überzeugungen und Lebensgewohnheiten der anderen.

Jung betont allerdings, daß er keineswegs den Eindruck erwecken wolle, als kämen die von ihm beschriebenen Einstellungstypen in kraß-einseitiger Form häufig vor. Jeder Mensch trage die vier Grundfunktionen in sich, aber eine davon sei stärker ausgeprägt als die übrigen und dominiere dadurch das gesamte Erscheinungsbild.

Bei introvertierten Intuitiven sieht Jung vor allem »kulturfördernde« Berufe, wie Künstler oder Erzieher, als geeignet an. Extravertierte Intuitive, die eine Witterung für künftige Möglichkeiten haben, wenden sich gern Berufen zu, in denen sie diese Fähigkeit möglichst vielseitig entfalten können. Kaufleute, Unternehmer, Agenten, Politiker gehören in diese Kategorie. Frauen, bei denen die intuitive Funktion vorherrscht, verstehen sich, wenn sie nicht außerhalb des Hauses berufstätig sind, vor allem darauf, soziale Kontakte zu knüpfen und gesellschaftliche Beziehungen aufzubauen.

Glanz und Elend der intuitiven Veranlagung

Ganz so unnütz, wie es auf den ersten Blick schien, ist die intuitive Veranlagung also durchaus nicht. Der Intuitive mit seinem Gespür für verborgene Möglichkeiten kann sich sehr wohl für die Gesellschaft als produktiv erweisen. Er kann sich als Ideengeber betätigen, Initiator neuer Bewegungen werden, er kann andere stimulieren, motivieren und unerkannte Talente aufspüren. Er kann sich aber auch selbst als schöpferisches Talent erweisen, seine Ahnungen und seine inneren Bilder in Formen der Kunst nach außen vermitteln. Und er kann, wie es die Propheten des Alten Testaments an sich selbst erfuhren, als Werkzeug oder Sprachrohr für eine Macht dienen, die als überirdisch verstanden wird und – im Guten wie im Bösen – weitreichenden Einfluß auf ein Volk oder eine Gesellschaft haben kann.

Die Gefahren, denen der intuitive Einstellungstyp ausgesetzt ist, bestehen vor allem darin, daß er von der Fülle der Möglichkeiten, die er ständig vor sich sieht, überschwemmt wird und sich handlungsunfähig fühlt. Er fängt dies und das an, führt es aber nicht zu Ende, weil er ein eigentliches »Ende« gar nicht erkennt, sondern alles mit allem verbunden sieht. Deshalb bringt er auch kein System in seine Tätigkeiten, sondern »verzettelt sich«. Auf diese Weise kann jemand, der an sich äußerst wertvolle Mitteilungen zu machen hätte, seine Umwelt nicht oder nur ungenügend erreichen; er wird mißverstanden, oder man hört ihm nicht lange aufmerksam zu.

So ähnlich mag sich der Verfasser der ›Physiognomischen Fragmente‹ zeitweise gefühlt haben. »Ich schrieb bloß als Beobachter, Erfahrer, Erfinder«, gestand Lavater einmal, als er sich von der Menge seiner intuitiven Anschauungen offenkundig überfordert fühlte. »Ich habe Fragmente geliefert und konnte nichts mehr liefern. Wer einen Plan oder ein System oder etwas Vollständiges von mir fordert, weiß nicht, was er fordert. Wie vieler Hilfsmittel und Vorerkenntnisse bedarf's, die von einem einzigen Menschen kaum erwartet werden können!...«

»Radar der Psyche«

Im Jahre 1929 schrieb Albert Einstein das Vorwort zu einem Buch des Schriftstellers Upton Sinclair. Sinclairs Buch, so empfahl der weltberühmte Physiker, verdiene nicht nur die ernsthafteste Beachtung von Laien, sondern auch die Aufmerksamkeit der psychologischen Fachleute. Selbst wenn sich herausstellen sollte, daß die von Sinclair beschriebenen Versuche auf unbewußten hypnotischen Einflüssen beruhten, wäre auch das von großem psychologischem Interesse. Doch was Sinclair in seinem Buch mit dem Titel ›Mental Radio‹ schilderte, waren mehrjährige Experimente zur Telepathie. (Wie groß die Skepsis gegenüber dem sogenannten »Hellsehen« ist bzw. war, läßt sich daran erkennen, daß Sinclairs Buch erst 43 Jahre später, unter dem Titel ›Radar der Psyche‹, ins Deutsche übertragen wurde.)

›Mental Radio‹ beschreibt eine Vielzahl von Versuchen, die Sinclair gemeinsam mit seiner Frau Craig unternahm, um herauszufinden, ob es so etwas wie Telepathie überhaupt gebe. Craig Sinclair selbst war überzeugt davon, über paranormale Fähigkeiten zu verfügen; schon seit ihrer Kindheit hatte sie entsprechende Erlebnisse gehabt. Davon konnte sich nach der Veröffentlichung des Buches auch der ehemalige Direktor des Psychologischen Instituts der Universität Oxford, William McDougall, überzeugen. Als er das Ehepaar Sinclair in Pasadena besuchte, bat er Craig Sinclair darum, ihn einmal an einem telepathischen Experiment teilnehmen zu lassen. Er sagte, er habe einige Bilder in der Brusttasche seines Mantels und würde gern wissen, ob sie diese beschreiben könne. Die Frau schloß die Augen, konzentrierte sich einen Moment und sagte dann, sie sehe ein Gebäude mit Steinmauern und schmalen Fenstern, das mit grünen Blättern bedeckt zu sein scheine. McDougall holte daraufhin eine Postkarte aus der Brusttasche seines Mantels. Sie zeigte eines der efeuumrankten Gebäude der Universität Oxford.

Dieses und weitere ähnliche Erlebnisse veranlaßten

McDougall, am Psychologischen Institut der Duke-Universität in Durham, North Carolina, eine parapsychologische Abteilung einzurichten, deren Mitarbeiter sich mit solchen paranormalen Phänomenen beschäftigen sollten. McDougall und sein Nachfolger Joseph B. Rhine sorgten mit ihren jahrelangen Untersuchungen dafür, daß die sogenannte »außersinnliche Wahrnehmung« etwas von ihrer »Spukhaftigkeit« verlor und zum Gegenstand naturwissenschaftlichen Interesses wurde.

Konzentration und Autosuggestion

Upton Sinclair, bekannt als engagierter Autor von sozialkritischen Romanen, hatte sich schon seit seiner Jugend mit paranormalen Geschehnissen beschäftigt, war in seiner Beurteilung solcher Phänomene aber lange Zeit sehr skeptisch gewesen. Doch als seine Frau Craig sich ebenfalls für solche Wahrnehmungen zu interessieren begann und selbst telepathische Versuche unternahm, ließ sich der Schriftsteller davon überzeugen, daß derartige Experimente zu bedeutsamen Ergebnissen führen könnten. Drei Jahre lang experimentierte das Ehepaar Sinclair mit aller gebotenen inneren Zurückhaltung, bis beide schließlich zu der Überzeugung gelangten, daß Telepathie kein leerer Wahn sei. »Was auch immer die Natur dieser Kraft sein mag«, schreibt Sinclair, »sie ist auf jeden Fall unabhängig von Entfernungen, denn sie funktioniert genausogut über fünfundsechzig Kilometer wie über wenige Meter. Und obwohl sie spontan auftreten und von einer bestimmten Begabung abhängig sein kann, ist sie dennoch entwicklungsfähig und – wie jedes andere Studienobjekt in der Physik oder Chemie – bewußt einsetzbar. Das Wesentliche eines solchen Trainings liegt in der Kunst der geistigen Konzentration und Autosuggestion, also in zwei erlernbaren Fähigkeiten.«

Eins der von den Sinclairs unternommenen Experimente, das Sinclair seinen Lesern zur Nachahmung empfiehlt, verlief folgendermaßen: Sinclairs Schwager, Robert L. Irwin, ein junger Geschäftsmann, sollte in seinem Haus in Pasadena einen von ihm selbst ausgesuchten Gegenstand zeichnen. Tag und Stunde des Versuchs waren genau festgesetzt. Den gezeichneten Gegenstand sollte Irwin dann etwa fünfzehn bis zwanzig Minuten lang konzentriert betrachten. Irwin zeichnete, selbstverständlich ohne das Ehepaar Sinclair darüber zu informieren, eine Gabel.

Zur gleichen Zeit lag Craig Sinclair auf der Couch ihres Arbeitszimmers in Long Beach, rund vierundsechzig Kilometer von Pasadena entfernt. Mit geschlossenen Augen konzentrierte sie sich auf den fraglichen Gegenstand, den Irwin gezeichnet haben mochte. Als sie schließlich vor ihrem »geistigen Auge« ein Bild sah, das sie für das richtige hielt, weil es immer wieder erschien, schrieb sie das Datum auf einen Zettel und dazu die Worte: Sehe einen Tisch
Gabel   Sonst
nichts

Die Verblüffung über den gelungenen Versuch und die Neugier, ob es sich nicht doch um einen Zufallstreffer gehandelt habe, animierte die Sinclairs, weitere solcher Experimente zu unternehmen. Erstaunlicherweise waren die meisten davon ebenfalls erfolgreich. Craig Sinclair schien tatsächlich über eine ganz außergewöhnliche intuitive Begabung zu verfügen.

Ein anderer Versuch: Während Craig Sinclair sich in einem Zimmer im oberen Stockwerk hinter geschlossener Tür aufhielt, nahm ihr Mann in einem der unteren Räume aus einem Schrank eine rote Glühbirne. Diese wickelte er in mehrere Lagen Zeitungspapier, legte das Ganze in einen Schuhkarton, wickelte auch diesen in Papier ein und schnürte das Paket fest zu. Dann rief er seine Frau, sie kam herunter, legte sich auf eine Couch und legte sich das Paket auf den Bauch, in Höhe des Solarplexus. Während sie sich auf den Inhalt des Pakets konzentrierte, saß ihr Mann daneben; es wurde kein Wort gesprochen. Schließlich stand sie auf, fertigte eine kleine Zeichnung an und schrieb dazu: »Sehe zuerst rundes Glas. Nehme an: Brille? Nein. Dann erscheint die V-Form mit einem ›Knopf‹ obendrauf. Knopf ragt über das Objekt hinaus. Diese runde Erhöhung hat eine andere Farbe als der untere Teil. Es ist eine helle Farbe, der andere Teil ist dunkel.«

Eine »umgekehrte« Hypnose

Nach zahlreichen ähnlichen Experimenten, von denen der weitaus größte Teil ebenso gut gelang wie die oben beschriebenen, berichtet Sinclair in seinem Buch von einem Charakterzug seiner Frau, der eine Parallele zu ihrer »telepathischen« Begabung zu sein schien: Auch Craig Sinclairs Intuition in bezug auf andere Menschen war außergewöhnlich. Ihr Ehemann beschreibt auf eher komische Weise, wie diese Einfühlsamkeit gelegentlich von wildfremden Menschen in Anspruch genommen wurde, die offenbar »witterten«, daß hier jemand sei, der sie verstehen würde. »Ich habe erlebt«, erzählt Sinclair, »daß sie in ein Geschäft ging, um ein Stück Band zu kaufen, und mit Tränen in den Augen wieder herauskam, weil ein Angestellter – ganz plötzlich und ohne dazu aufgefordert worden zu sein – sich gedrängt gefühlt hatte, eine tragische Geschichte vor ihr auszubreiten. Sie hat immer behauptet, daß sie die Gefühle anderer Menschen ohne ein Wort von ihnen intuitiv ›erfasse‹. Aber sie schenkte dieser Gabe nie viel Aufmerksamkeit und brachte sie nie mit ›paranormalen‹ Phänomenen in Verbindung.«

Zu den vielen tatsächlich erstaunlichen Berichten über die paranormalen Fähigkeiten von Craig Sinclair gehört auch der über eine »umgekehrte« Hypnose. Sinclairs Frau hatte sich vorgenommen, bei einem jungen Hypnotiseur, der auch den Anspruch erhob, Gedanken lesen zu können, die Hypnosetechnik zu lernen. Nach den Angaben des jungen Mannes bestand seine Technik vor allem darin, während des Hypnotisierens nicht mit den Augen zu zwinkern, sondern den Patienten regungslos anzustarren. Diese Methode wollte Craig Sinclair auf ihre Wirkung hin überprüfen.

Als sie nun dem Hypnotiseur gegenübersaß und die Hypnose beginnen sollte, fing der junge Mann plötzlich an, mit den Augen zu zwinkern; schließlich fielen ihm die Augen sogar zu. »Tun Ihnen die Augen weh?« fragte seine »Patientin« mit gespielter Unschuld. »Nein«, antwortete er. »Sind Sie müde?« fragte Craig Sinclair weiter. »Nein«, sagte der Hypnotiseur wieder. »Woran habe ich gedacht?« wollte die Frau nun wissen. »Daran, mich zu hypnotisieren«, antwortete der junge Mann schläfrig. Aber Craig Sinclair war mit diesem Beweis ihrer eigenen hypnotischen Kraft noch nicht zufrieden. Sie schloß die Augen und wünschte, der Hypnotiseur möge aufstehen und zum Telefon gehen. »Soll ich Sie weiterbehandeln?« fragte er. »Ja«, sagte sie. Der Mann zögerte einen Moment und sagte dann: »Entschuldigen Sie, ich muß einen Freund anrufen!«

Wie sich seine Frau innerlich auf ihre Wahrnehmungen und Experimente einstellte, beschrieb Sinclair folgendermaßen: Zunächst habe sie sich auf die Person oder den Gegenstand intensiv konzentriert. Anschließend habe sie dann ihrem Unterbewußtsein den »Befehl« gegeben, etwas Bestimmtes herauszufinden und es dem Bewußtsein zu melden. Sinclair sah diese Fähigkeit zwar als ungewöhnlich, aber nicht als einmalig an; immerhin konnte er darauf verweisen, daß auch andere Menschen zu derartigen intuitiven Leistungen imstande waren. So hatte beispielsweise der französische Psychiater Jean Piaget eine Patientin, die in Hypnose ähnlich hellseherische Fähigkeiten entwickelte wie Craig Sinclair. »Wenn man dem Unterbewußtsein Befehle gibt, so ist das fast das gleiche, wie wenn man versucht, sich an einen Namen zu erinnern«, versuchte sich der Schriftsteller das Phänomen zu erklären.

Gibt es ein »kosmisches Bewußtsein«?

Für Sinclair und seine Frau bedeutete Telepathie einen Hinweis darauf, daß alle Menschen eine gemeinsame geistige Grundlage besitzen, die jeder einzelne lernen kann »anzuzapfen«. Die Überlegungen des Schriftstellers zu diesem Thema sind interessant genug, um hier etwas ausführlicher zitiert zu werden. Sie ähneln nämlich, obwohl Sinclair ja kein Psychologe war, einigen psychologischen Theorien, die später noch zur Sprache kommen werden.

Sinclair stellte sich das Bewußtsein als einen Baum und das Unterbewußte als dessen Wurzel vor. Dieser Baum ist mit den benachbarten Bäumen dadurch verbunden, daß alle ein gemeinsames Erdreich haben, aus dem sie ihre Nahrung ziehen. Unterirdische Strömungen wirken auf alle Bäume. Wenn ein Baum umfällt, spürt die gesamte Umgebung den Stoß. Ähnliches läßt sich beim Menschen denken. Sinclair schloß aus den telepathischen Fähigkeiten seiner Frau, daß ein »kosmisches Bewußtsein oder kosmisches Unbewußtes«, wie er es nannte, existiere, das allen Menschen gemeinsam ist und das sie unter bestimmten Umständen in ihr individuelles Bewußtsein aufnehmen können.

Naturwissenschaftler vermuten, daß jedes Energieteilchen im Universum auf jedes andere Teilchen, wenn auch in kaum wahrnehmbarem Maße, einwirkt. Das Problem, eine solche Energie nachzuweisen, besteht darin, ein hinreichend empfindliches Meßgerät dafür zu entwickeln. Wenn man das menschliche Gehirn als einen Akkumulator betrachtet, der imstande ist, über die Nerven Impulse auszusenden, warum sollte es ihm, fragte Sinclair, nicht auch möglich sein, über irgendein – bekanntes oder unbekanntes – Medium zu senden? Wer sagt denn, daß unsere Gedanken keine Schwingungen erzeugen, die beliebig große Entfernungen überwinden – warum sollte es nicht so etwas geben wie ein geistiges Radio? Wenn, wie beim Telefon, Schallwellen in elektrische Wellen umgewandelt werden können, in dieser Form einen Kontinent oder Ozean überqueren und dann wieder in Schallwellen zurückverwandelt werden – warum sollte es nicht möglich sein, daß Gehirnstrahlen oder Gedankenwellen als irgendeine Form von Energie erhalten bleiben, vielleicht auf ein anderes Gehirn zurückgeworfen werden, so wie Licht von einem Spiegel reflektiert wird? Jeder wirklich wissenschaftlich denkende Mensch müsse, wie Sinclair meinte, solche Möglichkeiten des menschlichen Geistes in Erwägung ziehen, und es sei lediglich eine Frage der Experimentierbereitschaft, herauszufinden, ob und wie so etwas funktioniere.

Experimente zur außersinnlichen Wahrnehmung

Zu solchen Experimenten bereit waren die beiden Biologie-Dozenten Joseph Banks Rhine und seine Frau Louisa, die eines Morgens im Juni 1926 vor der Haustür von William McDougall standen. Sie hatten ihre bisherige Karriere aufgegeben, um sich nur noch der psychischen Forschung zu widmen. McDougall, der von diesem Ziel beeindruckt war, konnte die beiden ein Jahr später als Forschungsmitarbeiter für Parapsychologie an seinem Psychologischen Institut anstellen. Doch obwohl er selbst diese Forschungen unterstützte, war die allgemeine Skepsis gegenüber Telepathie so groß, daß es noch Jahre dauerte, bis schließlich 1932 das Ehepaar Rhine offiziell ein parapsychologisches Labor an der Duke-Universität eröffnen durfte.

Diese Eröffnung hatte einen unzweifelhaft symbolischen Charakter: Die Erforschung so zweifelhafter Phänomene wie »Hellsehen« war nun akademisch respektabel geworden. Und Rhine, der inzwischen zum Professor ernannt worden war, tat gemeinsam mit seiner Frau und seinen Kollegen alles, um für die Erforschung seines schwer faßbaren Gegenstandes die strengsten wissenschaftlichen Methoden zu entwickeln.

Rhines Experimente unter streng überwachten Laborbedingungen bildeten einen wichtigen Meilenstein in der parapsychologischen Forschung, auch wenn seine Versuche sich in relativ engen Grenzen hielten: Um die Fähigkeit zu außersinnlicher Wahrnehmung festzustellen, mußten Testpersonen geometrische Figuren auf Spielkarten erraten. Rhine verwendete für diese Versuche einen Satz von 25 Karten, auf denen fünf geometrische Figuren (Kreis, Quadrat, Kreuz, Pentagramm und drei parallele Wellenlinien) je fünfmal vorkommen. Die Versuchspersonen mußten nun die Figuren, die ihrer Sicht entzogen waren, nach Möglichkeit identifizieren.

Die Häufigkeit, mit der manche Personen diese Figuren errieten, übertraf bei weitem die Zufallserwartung. Ebenso waren bestimmte Testpersonen unerklärlicherweise in der Lage, beim Werfen von Würfeln eine gewünschte Punktezahl sehr viel häufiger zu erraten, als dies der Wahrscheinlichkeit entsprach. Diese Versuche wurden im Laufe mehrerer Jahre millionenfach wiederholt, um jedem Verdacht einer mangelnden wissenschaftlichen Seriosität entgegenzuwirken. Dennoch blieben die meisten akademischen Psychologen Rhines Entdeckungen gegenüber skeptisch oder sogar feindlich eingestellt. Warren Weaver, ein führender Kommunikationstheoretiker, formulierte, was viele Gegner Rhines dachten: Man könne Rhines Ergebnisse zwar nicht widerlegen, aber akzeptieren könne man sie ebensowenig.

Daß es tatsächlich Menschen gibt, die bei solchen Versuchen eine erheblich höhere Trefferquote erreichen, als erwartet werden kann, ist inzwischen zweifelsfrei belegt. Wie dieses Phänomen aber erklärt werden kann, ist noch umstritten. Rhine selbst führte diese Fähigkeit auf einen unbewußt funktionierenden, sehr leicht störbaren Faktor ›PSI‹ zurück, der außerhalb des physikalischen Ordnungsgefüges von Raum, Zeit und Materie tätig sei. Die Richtung dieser ›PSI‹-Kraft könne mit dem Willen kaum gelenkt werden. Es sei deshalb auch möglich, daß sie plötzlich ins Negative umschlage und zu unwahrscheinlich niedrigen Trefferzahlen führe. Ebenso unberechenbar sei die Fähigkeit bestimmter Versuchspersonen, ihre Treffsicherheit jederzeit neu unter Beweis zu stellen; es könne vorkommen, daß bisher erfolgreiche Testpersonen bei späteren Experimenten versagten.

Hellsehen als Forschungsgegenstand

Die Hälfte seiner Freunde bezichtige ihn eines Übermaßes an wissenschaftlicher Pedanterie, die andere einer höchst unwissenschaftlichen Vorliebe für solche widersinnigen Erscheinungen wie zum Beispiel die »außersinnliche Wahrnehmung«, schreibt der Romanschriftsteller und wissenschaftliche Autor Arthur Koestler in seinem Buch ›Die Wurzeln des Zufalls‹. Immerhin sei es tröstlich zu wissen, daß genau die gleichen Vorwürfe gegen eine Elite von Naturwissenschaftlern erhoben werden, die auf der Anklagebank eine recht gute Gesellschaft darstellen.

Koestler räumt zwar ein, daß eine kritische Einstellung gegenüber der »außersinnlichen Wahrnehmung« ihre Berechtigung hat, zumal dieser Bereich oft ein Tummelplatz für Scharlatane ist. Aber die begründete Abwendung vom Aberglauben und von betrügerischen Manipulationen mancher »okkulter« Gesellschaften dürfe nicht dazu führen, daß die nachweisbaren Fortschritte, die die parapsychologische Forschung in den letzten Jahrzehnten gemacht habe, übersehen werden. Inzwischen sei die Parapsychologie, mit ihren streng kontrollierten Experimenten und ihrer statistischen Beweisführung, nämlich sehr viel »wissenschaftlicher« geworden, während die theoretische Physik mittlerweile »okkulter« zu sein scheine, weil sie viele bisher als unantastbar geltende »Naturgesetze« in Zweifel ziehe.

Mit spürbarem Genuß stellt Koestler der Absurdität der parapsychologischen Erscheinungen die vielleicht noch größere Absurdität des naturwissenschaftlichen Weltbildes gegenüber. Tatsächlich ist es, zumindest für den naturwissenschaftlich unbewanderten Verstand, kaum einzusehen, daß »Neutrinos«, kleinste Elementarteilchen, die keine Masse, keine elektrische Ladung, kein magnetisches Feld besitzen, mit Lichtgeschwindigkeit durch jede solide Masse dringen, oder daß geisterhafte »Antiteilchen« sich nicht in die Zukunft, sondern in die Vergangenheit bewegen – daß aber andererseits eine »außersinnliche Wahrnehmung« unmöglich sein soll. Wenn schon die Naturwissenschaft mit absolut phantastisch klingenden Erkenntnissen und Hypothesen aufwarte, so müsse, meint Koestler, mit ebenso großer Aufmerksamkeit ein Phänomen wie das Hellsehen wissenschaftlich untersucht und als Forschungsgegenstand ernstgenommen werden.

ASW-Versuche in Rußland

»Wenn es nicht eine gigantische Verschwörung gibt, an der ungefähr dreißig Universitätsinstitute in der ganzen Welt beteiligt sind und mehrere hundert hochgeachtete Wissenschaftler auf verschiedenen Gebieten (von denen viele ursprünglich den Behauptungen der Parapsychologen ablehnend gegenüberstanden), bleibt für den vorurteilslosen Betrachter nur noch die Schlußfolgerung übrig, daß es offenbar eine kleine Anzahl von Menschen gibt, die Informationen über psychische Inhalte anderer Menschen oder über äußere Sachverhalte auf Wegen erlangen, die der Naturwissenschaft bislang noch unbekannt sind«, schrieb im Jahre 1957 Hans Jürgen Eysenck, Psychologie-Professor an der Universität London.

Nicht nur in westlichen Ländern ist das Interesse für außersinnliche Wahrnehmung in den letzten Jahrzehnten deutlich gestiegen. Auch in Rußland ist, trotz materialistischer Weltanschauung, dieses Interesse schon lange vorhanden. Bereits im Jahre 1916 war dort von Bechterew und anderen Forschern mit Experimenten zur außersinnlichen Wahrnehmung begonnen worden; man nannte diese Art von Wahrnehmung damals »biologisches Radio«. Aber erst ein Bechterew-Schüler, Leonid Wassiliew, Physiologie-Professor an der Universität Leningrad, machte seine Forschungsergebnisse publik. Wassiliew hatte Experimente zur Fernhypnose gemacht. Er behauptete, daß hypnotisierte Versuchspersonen durch einen telepathisch übertragenen Befehl über größere Entfernungen hinweg aus ihrem Trancezustand geweckt worden seien. Auf die gleiche Weise sei es gelungen, aufrechtstehende hypnotisierte Testpersonen in eine liegende Position zu bringen. Später wurden mit Tausenden von Versuchspersonen Experimente zur telepathischen Kommunikation zwischen so weit voneinander entfernten Städten wie Moskau und Leningrad gemacht.

Daß es von den späten fünfziger Jahren an so zahlreiche Versuche zur Telepathie in der Sowjetunion gab, mag mit dem Urteil eines sowjetischen Raumfahrtforschers zusammenhängen, der darauf hinwies, daß die außersinnliche Wahrnehmung, wenn sie erst einmal beherrscht werde, auch bedeutenden strategischen Nutzen haben könnte. Eugene Konecci, ein hoher Beamter der amerikanischen Weltraumbehörde NASA, bestätigte 1963 diese russischen Pläne. Es gebe zuverlässige Berichte darüber, daß im sowjetischen Programm der bemannten Raumfahrt ein hochinteressantes Problem der modernen Wissenschaft erforscht werde, sagte Konecci vor der Presse. Was von westlichen Wissenschaftlern bislang meist vernachlässigt worden sei, werde jetzt in der Sowjetunion mit konzentrierter Anstrengung untersucht: die Möglichkeit einer elektromagnetischen Kommunikation zwischen lebenden Organismen. In den USA seien inzwischen Untersuchungen über telepathische Phänomene im Gange, um das Problem der »psycho-physiologischen Informationsübertragung« zu erhellen.

Daß die Untersuchung der Telepathie zu einem langfristigen Thema der zukünftigen Psychologie werden wird, vermutet auch Norbert Wiener, Begründer der Kybernetik: »Aspekte, die bis zum heutigen Tag schamhaft in den Hintergrund gedrängt worden sind – wie etwa die Untersuchung der direkten Kommunikation über eine gewisse Entfernung hinweg, vermutlich durch eine Art von Strahlungsphänomen –, wird man künftig, einem echten Trend folgend, einer exakten wissenschaftlichen Überprüfung unterziehen, die nicht durch die unwissenschaftliche Annahme blockiert werden wird, daß wir es mit Phänomenen ohne jegliches physikalisches Korrelat zu tun haben.«

Skepsis und Vorurteile

Doch die Skepsis bei den meisten Naturwissenschaftlern bleibt, auch wenn einige von ihnen zugeben, von verschiedenen Experimenten mit außersinnlicher Wahrnehmung beeindruckt zu sein. Arthur Koestler zitiert einen amerikanischen Psychologen, der in der Zeitschrift ›Science‹ schrieb, nicht einmal tausend Experimente mit zehn Millionen Einzelversuchen, von hundert unabhängigen Forschern durchgeführt, könnten ihn dazu bewegen, an die Existenz einer außersinnlichen Wahrnehmung zu glauben. Ein anderer Psychologe äußerte sich ähnlich ablehnend, obwohl er einräumte, daß seine Haltung streng genommen natürlich ein Vorurteil sei.

Für die Skepsis gegenüber parapsychologischen Experimenten gibt es zweifellos gute Gründe. Zu oft machen sich Betrüger in diesem Bereich die Leichtgläubigkeit naiver Menschen zunutze. Bei irreführenden Versuchen mit »automatischem Schreiben« oder »Reden mit Verstorbenen« kann meist sehr leicht eine Betrugsabsicht nachgewiesen werden. Die Kartenexperimente von Rhine oder die parapsychologischen Versuche, die Upton Sinclair mit seiner Frau unternahm, sind dagegen sicher gegen den Vorwurf einer betrügerischen Absicht gefeit. Was Kritikern aber bei diesen Versuchen fehlt, sind zwei wesentliche Merkmale: Experimente dieser Art müssen wiederholbar und ihre Ergebnisse müssen vorhersagbar sein. Beide Kriterien treffen auf parapsychologische Phänomene aber nicht oder nur sehr eingeschränkt zu.

Ähnliches gilt für die ungewöhnlichen Experimente von Gilbert Murray, dem ehemaligen Präsidenten der englischen ›Society for Psychical Research‹, im Jahre 1915. Murray, ein namhafter Altphilologe, der zeitweise auch Präsident des Völkerbundes gewesen war, hatte ungefähr zwanzig Jahre lang mit Freunden und Bekannten Versuche zur »Gedankenübertragung« gemacht, bei denen er jeweils der Empfänger war.

Gilbert Murrays »Gedankenübertragung«

Obwohl Murray einräumte, daß seine Experimente noch dem vor-statistischen Stadium der parapsychologischen Forschung angehörten, glaubte er bei den Sicherungsvorkehrungen keinen entscheidenden Mangel feststellen zu können. Betrug konnte er, wie er in einer erläuternden Rede im Jahre 1952 erklärte, ebenfalls ausschließen, denn zu viele Persönlichkeiten des öffentlichen Lebens hätten schließlich bei seinen Versuchen mitgewirkt und folglich Komplizen sein müssen.

Die Methode, nach der Murray und seine Bekannten vorgingen, war immer die gleiche: Murray wurde aus dem Zimmer geschickt und hielt sich eine Zeitlang in einem anderen

Raum auf, selbstverständlich bei geschlossener Tür. Jemand aus der Gruppe, der im Zimmer geblieben war, wählte nun ein Thema aus, das schnell in Stichworten notiert wurde. Dann rief man Murray herein, und was er anschließend sagte, wurde ebenfalls aufgeschrieben. Von den ersten 505 Experimenten bewertete die Gruppe etwa 60 % als Erfolg, etwa 40 % als Mißerfolg – ein Verhältnis, das zweifellos über dem zu erwartenden Zufallsergebnis lag. Dazu einige Beispiele:

Die Gräfin von Carlisle, als »Sender«, hatte an die Soldaten gedacht, die aus dem Krimkrieg zurückgekehrt waren und von Königin Victoria mit Orden geehrt worden waren. Murray, als »Empfänger«, traf mit seiner intuitiven Vermutung genau die gedachte Szenerie: »Ist es der König, der Victoria-Kreuze und anderes an Leute verleiht? Ja, ich glaube, es ist irgendeine Art von Verleihung«, riet er nach kurzem Überlegen. Dann stellte sich die Gräfin den Passagierdampfer ›Lusitania‹ vor, der 1915 von einem deutschen U-Boot versenkt worden war. Professor Murray: »Ich habe einen sehr heftigen Eindruck. Ich habe einen furchtbaren Eindruck von einer Schiffskatastrophe erhalten. Ich möchte meinen, es war die Torpedierung der ›Lusitania‹.«

Der nächste »Sender« war Murrays Tochter Rosalind. Sie dachte daran, wie sie mit einem holländischen Politiker in einem Nachtlokal in Den Haag getanzt hatte. Murray: »Ein schwacher Eindruck von deiner Auslandsreise. Ich würde sagen, etwas Offizielles; eine Art offizielle Soiree oder Tanz oder so etwas. Habe das Gefühl, es sei in Holland.«

Fast ebenso verblüffend wie diese »telepathischen Volltreffer« waren einige »Gedankenübertragungen«, die nicht als erfolgreich eingestuft wurden, obwohl zumindest die Atmosphäre auch hier präzise getroffen wurde. So stellte sich eine »Sender«-Person die Medici-Kapelle mit ihren Gräbern und Steinfiguren vor. Murray hatte bei seinem Rateversuch das Gefühl, es gehe um eine Gedicht-Szene, in der ein Mann durch verschiedene Gänge in einen Raum gelangt, in dem Leichen aufgebahrt sind.

Seine erstaunliche Fähigkeit, in mehr als der Hälfte aller Fälle die Vorstellungen seiner Bekannten erraten zu haben, konnte sich Murray nur als Telepathie erklären. Er betrachtete diese Fähigkeit allerdings weniger als einen Vorgang der Wahrnehmung, sondern eher als eine Gefühlsbewegung. Wenn er anfange, sich in die Gedankenwelt des jeweiligen »Senders« hineinzuversetzen, habe er immer einen unbestimmten atmosphärischen Eindruck, der allmählich deutlicher werde. Murray verwies dabei auf den französischen Philosophen Henri Bergson, in dessen Denken der Begriff Intuition eine zentrale Rolle spielt. Bergson sah in der Telepathie ein vermutlich weitverbreitetes, aber meist unbeachtetes Phänomen im Alltagsleben, besonders zwischen zwei Personen, die einander nahestehen und die oft zur gleichen Zeit den gleichen Gedanken haben.

Entdeckungen und Erfindungen

»Ich drehte meinen Lehnstuhl dem Kaminfeuer zu und döste ein. Im Traum wirbelten wieder die Atome vor meinen Augen herum, die kleineren Gruppen diesmal bescheiden im Hintergrund. Mein geistiges Auge, durch viele derartige Visionen geschärft, konnte nun größere Strukturen mannigfaltiger Anordnung unterscheiden; lange Reihen, zum Teil eng geschlossen, alle in schlangengleicher Bewegung verschlungen und verflochten. Aber siehe, was war das? Eine der Schlangen hatte ihren eigenen Schwanz erfaßt, ihre Gestalt wirbelte spöttisch vor meinen Augen. Wie vom Blitz getroffen wachte ich auf... Lassen Sie uns träumen lernen, meine Herren!«

Diese Traumvision des deutschen Chemikers August Kekulé von Stradonitz war der Schlüssel zu einer wissenschaftlichen Entdeckung, die für die organische Chemie eine Revolution bedeutete: Kekulé hatte schlagartig erkannt, daß die Moleküle bestimmter organischer Verbindungen keine offenen Strukturen bilden, sondern geschlossene Ketten oder Ringe – wie Schlangen, die sich in den eigenen Schwanz beißen. Kekulé hatte auf diese Weise die Ringstruktur des Benzols entdeckt.

Nicht nur bei Dichtern, Malern oder Musikern spielt die schöpferische Intuition eine tragende Rolle. Auch bei wissenschaftlichen Entdeckungen und Erfindungen ist oft ein blitzartiger Einfall, von dem man nicht weiß, woher er kommt, der Auslöser für weiterreichende Erkenntnisse. Bezeichnend ist auch hier wieder, daß solche Einfälle oder »zündende Funken« sehr häufig zu Zeiten kommen, in denen der Betreffende sich gerade nicht gezielt mit einer bestimmten Fragestellung beschäftigt, sondern vor sich hindämmert, schläft oder sich auf andere Weise entspannt.

Bemerkenswert ist dabei auch, daß nicht nur Menschen, die man ohnehin für besonders phantasievoll und intuitiv hält, solche spontanen Eingebungen haben, sondern auch Angehörige von Berufsgruppen, denen man eine besonders rationale Einstellung nachsagt, wie zum Beispiel Naturwissenschaftlern. Der französische Mathematiker Jacques Hadamard erklärt zu solchen unvermuteten Eingebungen aus seiner eigenen Erfahrung:

»Eine Erscheinung gibt es sicher, und ich bürge für ihre absolute Gewißheit: Das plötzliche und unvermittelte Auftauchen einer Lösung im Augenblick des Erwachens. Als ich einmal durch ein Geräusch abrupt geweckt wurde, kam mir spontan, ohne daß ich auch nur einen Augenblick darüber nachgedacht hatte, eine Lösung, nach der ich schon seit langem suchte – diese Tatsache war so eindrucksvoll, daß sie mir unvergeßlich blieb – und die in einer ganz anderen Richtung lag als alles, auf das ich in meinen Versuchen hingearbeitet hatte.«

Über eine mathematische Entdeckung, bei der die Intuition die Hauptrolle spielte, berichtete Henri Poincaré in einem berühmt gewordenen Vortrag vor der Société de Psychologie in Paris; es ging um seine Theorie der sogenannten ›Fuchsschen Funktionen‹. Poincaré hatte sich wochenlang darum bemüht nachzuweisen, daß es Funktionen dieser Art einfach nicht geben könne. Täglich saß er mehrere Stunden an seinem Schreibtisch und probierte zahllose Kombinationen, aber ohne Erfolg. Dann trank er eines Abends, ganz gegen seine sonstige Gewohnheit, schwarzen Kaffee und konnte nicht schlafen. Dafür flogen ihm aber nun die Ideen nur so zu, mit dem Ergebnis, daß er am nächsten Morgen die Existenz einer Gruppe von Fuchsschen Funktionen nachweisen konnte. Er brauchte nur noch die Ergebnisse hinzuschreiben.

Später wandte sich Poincaré arithmetischen Fragen zu, ziemlich erfolglos, wie er fand, und ohne auf den Gedanken zu kommen, daß diese Fragen etwas mit seinen früheren Untersuchungen zu tun haben könnten. Recht verärgert über seinen Mißerfolg, fuhr der Mathematiker für einige Tage an die See, um auf andere Gedanken zu kommen. Und gerade diese Ablenkung brachte ihm die Belohnung für seine vorherigen Denkanstrengungen: Er erkannte einen lang gesuchten mathematischen Zusammenhang, den er bislang nicht gesehen hatte. Besonders beeindruckt war Poincaré von der Plötzlichkeit der Erkenntnis. Er sah darin ein Zeichen für eine lange unbewußte Vorarbeit. Diese unbewußte Arbeit, davon zeigte er sich überzeugt, spielt bei vielen mathematischen Erfindungen eine wichtige Rolle.

Lösung durch »Zufall«

»Am 27. April 1802 stieß ich einen hellen Freudenschrei aus...«, schreibt André Marie Ampère (nach dem die Einheit der elektrischen Stromstärke benannt ist) in seinem Tagebuch. »Sieben Jahre zuvor hatte ich mir eine Aufgabe gestellt, die ich nicht sofort lösen konnte, für die ich aber durch Zufall eine Lösung fand. Ich wußte zwar, daß sie richtig war, konnte sie aber nicht beweisen. Die Sache ging mir immer wieder durch den Kopf, und wohl zwanzigmal habe ich nach einer Lösung gesucht, aber vergebens. Tagelang schleppte ich den Gedanken mit mir herum, und schließlich, *ich weiß nicht wie*, hatte ich sie und mit ihr eine Menge neuartiger Überlegungen über die Wahrscheinlichkeitstheorie. Da ich glaube, daß es in Frankreich nur wenige Mathematiker gibt, die dieses Problem schneller lösen können, hege ich keine Zweifel, daß eine kurze Veröffentlichung darüber ein gutes Mittel ist, um zu einem Lehrauftrag für Mathematik zu kommen.«

Den bekam Ampère dann auch wirklich. Seine Abhandlung, die als »Betrachtungen über die mathematische Theorie von Glücksspielen« bekannt geworden ist, verhalf ihm zu einer Anstellung am Lycée in Lyon. Mit dieser Arbeit bewies er unter anderem, daß Gewohnheitsspieler auf die Dauer zwangsläufig verlieren müssen.

Viele schöpferische Einfälle und Entdeckungen kommen offenbar erst dann zustande, wenn die Aufmerksamkeit sich eine Zeitlang auf einen völlig anderen Gegenstand verlagert als auf den, von dem eine Lösung erwartet worden ist. Eine scheinbare geistige Abwesenheit ist oft ein Zeichen für größte Konzentration, auch wenn diese vom betreffenden Menschen selbst gar nicht bemerkt wird, weil sie unbewußt verläuft.

Der Zeitraum, in dem eine solche unbewußte Vorarbeit geleistet wird – anscheinend werden dabei zahllose Informationen in den unterschiedlichsten Kombinationen miteinander verbunden, bis die geahnte Lösung gefunden, die Zeit »reif« ist –, wird als »Inkubationszeit« bezeichnet. Dieser Begriff, der in der Medizin die Zeit zwischen der Ansteckung und den ersten Krankheitserscheinungen ausdrückt und in der Zoologie die Entwicklungszeit des Keimes im bebrüteten Ei, bedeutete im Altertum den Schlaf an einer heiligen Stätte, wo man, im Traum, eine göttliche Offenbarung zu erhalten hoffte. Der Ausdruck ist deshalb gut geeignet für die im Verborgenen zustandekommende schöpferische Intuition.

»Göttliche Funken«

Im Jahre 1749 vermerkte Benjamin Franklin in seinem Tagebuch nicht nur, daß er Blitz und Donner für elektrische Erscheinungen halte, sondern auch, daß ein spitzer Gegenstand – zum Beispiel ein ausgestreckter Finger – bei der Annäherung an elektrisch geladene Körper stärkere Funken zieht als ein stumpfer. Diese »Kraft der Spitzen« zu kennen, notierte er, könne der Menschheit möglicherweise zum Nutzen gereichen, selbst wenn sie ganz unerklärlich bliebe. Und noch eine Einsicht schrieb er auf: Wenn man eine Wolke mit einem elektrisch geladenen Körper vergleiche, käme man zu dem Schluß, daß ein Blitz eine elektrische Entladung sei. Wenn dies aber tatsächlich so sei, folgerte Franklin weiter, »könnte dann nicht die Kenntnis von der Kraft der Spitzen der Menschheit nützen, indem sie Häuser, Kirchen, Schiffe und so weiter vor dem Blitzschlag schützt, da sie uns empfiehlt, auf den höchsten Teilen dieser Bauwerke nadelscharfe Eisenstangen, die durch Vergoldung gegen Rost geschützt sind, anzubringen und vom Fuß dieser Stangen einen Draht längs eines Masts und dann der Seitenwand des Schiffes entlang bis ins Wasser zu führen? Würden nicht diese spitzen Stangen aller Wahrscheinlichkeit nach das elektrische Feuer lautlos aus der Wolke ziehen, ehe es nahe genug wäre, um zuzuschlagen, und uns so gegen dieses so plötzliche und schreckliche Unglück sichern?«

Die Idee des Blitzableiters war geboren. Zunächst aber mußte Franklin seine Zeitgenossen davon überzeugen, daß Gewitterwolken tatsächlich elektrisch geladen waren. Um den Beweis dafür anzutreten, hoffte Franklin, in Philadelphia im US-Bundesstaat Pennsylvania einen hohen Turm errichten zu können. Auf diesem wollte er eine spitze Stange anbringen, um dann bei einem Gewitter einen Blitz aus einer vorüberziehenden Wolke ableiten zu können. Dieser Plan war aber nicht zu realisieren, und Franklin dachte lange über andere Möglichkeiten nach. Völlig unverhofft kam er eines Tages auf eine ebenso einfache wie geniale Idee: Für seinen Versuch wollte er einen Kinderdrachen benutzen.

Schon als kleiner Junge hatte er einen Drachen auf ungewöhnliche Weise verwendet: Beim Schwimmen auf einem See hatte er sich oft bei leichtem Wind auf den Rücken gelegt und sich von einem solchen Drachen ziehen lassen. Diese plötzlich aufsteigende Erinnerung machte er sich jetzt zunutze. Gemeinsam mit seinem kleinen Sohn bastelte er aus Holzlatten und einem Seidentuch einen Drachen, den er während eines Gewitters im Juni 1752 steigen ließ. Es gelang ihm, die elektrische Ladung einer Wolke in eine sogenannte »Leidener Flasche« zu leiten, einen mit Stanniol belegten Glaszylinder zum Ansammeln von Elektrizität. »Der so gewonnene elektrische Funke entflammte Spiritus und wurde noch zu weiteren Experimenten verwendet«, schrieb Franklin zufrieden in sein Tagebuch.

Bei Franklin wie auch bei vielen anderen Entdeckern und Erfindern entstand eine »zündende« Idee daraus, daß zwei Gedankengänge, die zunächst gar nichts miteinander zu tun zu haben schienen – ein Forschungsvorhaben und eine Kindheitserinnerung –, in einen unbeabsichtigten, aber höchst erwünschten Kontakt zueinander kamen. Der Wunsch, eine wissenschaftliche Erkenntnis zu beweisen, hatte eine emsige unbewußte Suchaktion angeregt, die zu einer völlig neuen Gedankenkombination, einer schöpferischen Intuition, führte.

Nobelpreis für eine Intuition

Auch Otto Loewi, der die Bedeutung von Chemikalien bei der Übermittlung von Nervenimpulsen untersuchte und für seine Forschungsergebnisse den Nobelpreis zuerkannt bekam, hatte zunächst große Schwierigkeiten gehabt, seine intuitiven Überzeugungen empirisch zu beweisen. Er war nahe daran, seine Theorie aufzugeben, als er eines Nachts etwas Unerwartetes erlebte: Er erwachte, anscheinend nach einem Traum, schaltete das Licht an und schrieb einige Worte auf ein kleines Stück Papier. Dann schlief er wieder ein. Als er morgens um sechs Uhr aufwachte, fiel ihm sofort ein, daß er in der Nacht etwas sehr Wichtiges notiert hatte. Aber die schnell hingekritzelten Worte auf dem kleinen Zettel konnte er nicht mehr entziffern.

In der folgenden Nacht hatte er den gleichen Einfall. Es war der Entwurf eines Experiments, mit dem er testen wollte, ob eine wissenschaftliche Hypothese, die er vor Jahren aufgestellt hatte, richtig war. Sofort stand er auf, ging in sein Labor und führte, wie er es geträumt hatte, ein einfaches Experiment an einem Froschherzen aus – ein Versuch, der ihm schließlich den Nobelpreis eintrug.

Er hätte dieses Experiment nicht gemacht, sagte Loewi später, wenn er den Entwurf zunächst analysiert hätte, statt ihn sofort praktisch zu erproben. Seine Intuition hatte sich in diesem Fall über alle rationalen Erwägungen hinweggesetzt und dabei – was allerdings nicht in jedem Falle gilt – recht behalten.

Die japanische Kunst des Bogenschießens

Zu den eindrucksvollsten Schilderungen von intuitiven Erlebnissen gehört zweifellos die Darstellung der japanischen Kunst des Bogenschießens, die Eugen Herrigel gegeben hat. In seinem berühmten Buch über diese Kunst hat der deutsche Philosoph, der sich sechs Jahre lang in Japan im Bogenschießen unterweisen ließ, das »absichtslose Gespanntsein« als die wichtigste Voraussetzung für eine Intuition beschrieben.

In der Einleitung zu Herrigels Buch hat Daisetsu Teitaro Suzuki, der wohl bedeutendste Kenner und Vermittler des Zen-Buddhismus, den Sinn des japanischen Bogenschießens interpretiert: »Einer der wesentlichsten Faktoren in der Ausübung des Bogenschießens und jener anderen Künste, die in Japan und wahrscheinlich auch in anderen fernöstlichen Ländern ausgeführt werden, ist die Tatsache, daß sie keinen nützlichen Zwecken dienen, auch nicht zum rein ästhetischen Vergnügen gedacht sind, sondern eine Schulung des Bewußtseins bedeuten und dieses in Beziehung zur letzten Wirklichkeit bringen wollen. So wird Bogenschießen nicht allein geübt, um die Scheibe zu treffen, das Schwert nicht geschwungen, um den Gegner niederzuwerfen; der Tänzer tanzt nicht nur, um rhythmische Bewegungen des Körpers auszuführen, sondern vor allem soll das Bewußtsein dem Unbewußten harmonisch angeglichen werden.«

Technische Kenntnisse genügen also nicht, um wirklich ein Meister des Bogenschießens zu werden. Die Technik muß überwunden werden, damit das Können zu einer »nichtgekonnten Kunst« werden kann, die aus dem Bereich des Unbewußten kommt. Die Schießscheibe und der Schütze sind dann nicht mehr voneinander verschieden, sondern, in Suzukis Worten, »eine einzige Wirklichkeit«. Der Bogenschütze denkt nicht mehr an sich selbst und an sein Ziel, die Scheibe mit dem Pfeil zu treffen, sondern er ist »von seinem Selbst gelöst« und »eins mit der Vollkommenheit seiner technischen Geschicklichkeit«.

»Prajna« – die alles umfassende Intuition

Dieser Zustand, der etwas völlig anderes ist als bloß die meisterhafte Beherrschung einer bestimmten Fertigkeit, wird im Japanischen »satori« genannt. Suzuki übersetzt dieses Wort zwar mit »Intuition«, aber diese Intuition unterscheidet sich wesentlich von dem, was im allgemeinen als Intuition bezeichnet wird. Suzuki benutzt deshalb den Zusatz »prajna«-Intuition, wobei »prajna« als »transzendentale Weisheit« wiedergegeben wird. Aber auch dieser Ausdruck gibt nicht alle Möglichkeiten wieder, die in »prajna« enthalten sind. »Prajna« ist, so versucht es Suzuki zu erklären, »eine Intuition, die sofort die Totalität und Individualität aller Dinge erfaßt«. Der Zustand des »satori« geht also weit über das hinaus, was wir als bloß vorläufige »Ahnung«, als »Durchschauen« eines Menschen oder als »blitzartigen Einfall« kennen.

Den charakteristischen Unterschied zwischen Zen und allen anderen Lehren religiöser, philosophischer oder mystischer Art sieht Suzuki in der Tatsache, daß Zen ein »tägliches Bewußtsein« ist, das nie aus dem Alltagsleben verschwindet und doch, bei all seiner praktischen Anwendbarkeit und Konkretheit etwas enthält, was der alltäglichen Betriebsamkeit völlig entzogen ist. Dies »tägliche Bewußtsein« ist, wie schon frühere Zen-Meister erklärt haben, nichts weiter als »schlafen, wenn man müde ist, und essen, wenn man Hunger hat«, also eigentlich eher etwas Unbewußtes, Selbstverständliches, das man tut, ohne darüber nachzudenken. Sobald man nachdenkt und Begriffe bildet, geht dieses Unbewußte verloren, es wird vom Gedanken verdrängt. Der Mensch ist zwar ein denkendes Wesen, aber der Zen-Buddhist ist davon überzeugt, daß alle wichtigen Werke vollbracht werden, wenn der Mensch nicht rechnet und nicht denkt. Um diese verlorene Art von »Kindlichkeit« zurückzugewinnen, muß man jahre-

lang die Kunst des Sich-Selbst-Vergessens üben. Erst wenn ein
Mensch diese Stufe der Entwicklung erreicht hat, ist er ein,
wie Suzuki es nennt, »Zenmeister des Lebens«.

Wissen, indem man nicht weiß

Um diese Kunst des Sich-Selbst-Vergessens bemühte sich Eugen Herrigel bei seinem jahrelangen Aufenthalt in Japan. Als
deutscher Professor für Geschichte der Philosophie an der
Kaiserlichen Tohoku-Universität beschäftigte er sich in seiner
freien Zeit mit der Versenkungspraxis und Mystik des Buddhismus. Am Beispiel seiner eigenen Erfahrungen mit der
Kunst des Bogenschießens beschreibt er den langwierigen
und schwierigen Weg zum Erlebnis der »Intuition«, wie sie
der Zen-Buddhismus versteht.

Warum er gerade vom Zen-Buddhismus ein solches Erlebnis erhoffte, erklärt Herrigel damit, daß die Beschäftigung
mit der europäischen Mystik ihn in dieser Hinsicht ent-
täuscht hatte. Alle mystischen Schriften hatte er nur »von außen her« begreifen können, aber es war ihm nie gelungen, bei
sich selbst die eigentlich angestrebte innere Erfahrung zu machen. Vom Zen-Buddhismus, der keine »Lehre« kennt, sondern der sich – wenn überhaupt – nur durch persönliches Erleben erschließt, erwartete Herrigel nun das, was er in Europa
nicht gefunden hatte. Denn er wußte, daß es in Japan eine
lange Tradition der vorbildhaften Unterweisung im Zen-
Buddhismus gab, die mit den im Westen üblichen Lehrmetho-
den keine Ähnlichkeit hatte.

Die zen-buddhistische Unterweisung wendet sich gegen
jede auf Verstand, Logik und erklärenden Worten basierende
Lehre. Jede Wahrheit, welcher Art sie auch sein mag, soll am
eigenen Leibe erfahren werden, ohne systematischen, theore-
tischen »Unterricht« im westlichen Sinn. »Kein Verlaß auf
Worte!« ist ein zen-buddhistischer Wahlspruch. Eine Geschichte, die ein Priester aus dem 12. Jahrhundert erzählte,
wird oft als anschauliches Beispiel für die Methode und den
Geist des Zen benutzt:

Das Wesen des Zen ähnelt der Art, wie die Kunst des Einbrechens erlernt wird. Als einstmals der Sohn eines Einbrechers merkte, daß sein Vater bald zu alt für seinen Beruf sein würde, nahm er sich vor, ebenfalls dieses Handwerk zu erlernen. Sein Vater war damit einverstanden und nahm ihn eines Nachts mit zu dem Haus von reichen Leuten. Heimlich drangen sie ein, und der Vater ließ den Sohn in eine große Truhe steigen, um Kleider herauszuholen. Kaum war der Sohn in der Truhe, schlug der Vater den Deckel zu und verschloß ihn. Dann weckte er durch lautes Klopfen die Eigentümer auf und verschwand.

Die Hausbewohner suchten aufgeregt nach der Ursache des Lärms, konnten aber niemanden entdecken. Der Sohn des Einbrechers saß währenddessen verzweifelt in der Truhe und konnte nicht begreifen, weshalb sein Vater ihn so grausam behandelt hatte. Da kam er plötzlich auf eine gute Idee. Er machte ein Geräusch wie das Nagen einer Ratte. Die Hausbesitzer ließen die Magd mit einer Kerze in der Truhe nachsehen. Als der Deckel geöffnet wurde, sprang der Junge heraus, blies die Kerze aus, stieß die Magd zur Seite und lief aus dem Haus. Die Bewohner rannten hinter ihm her, aber wieder hatte er einen guten Einfall: Als er auf seinem Weg einen Brunnen sah, hob er schnell einen großen Stein auf, warf ihn in das Wasser und lief weiter. Seine Verfolger, die glaubten, der Einbrecher sei in den Brunnen gesprungen, blieben dort stehen und wollten ihn herausziehen. Inzwischen kehrte der Junge aber wohlbehalten zu seinem Vater zurück. Als er diesem Vorwürfe machen wollte, sagte der Vater: »Nichts für ungut, mein Sohn, erzähle mir, wie du davongekommen bist!« Als der Sohn nun sein Abenteuer erzählt hatte, bemerkte der Vater zufrieden: »Du bist jetzt soweit, du hast meine Kunst gelernt.«

Diese Erzählung macht deutlich, daß der Zen-Buddhismus größten Wert auf die persönliche Erfahrung des einzelnen Menschen legt. Er steht damit in entschiedenem Gegensatz zu abstrakter, lehrhafter Wissensvermittlung. »Wissenschaft bedeutet Systematik, und Zen ist genau das Gegenteil«, erläutert Suzuki. »Worte sind notwendig für Wissenschaft und

Philosophie, aber sie sind ein Hindernis für Zen. Warum? Weil Worte Vorstellungen und nicht Wirklichkeiten sind, aber Wirklichkeiten das, was Zen am höchsten bewertet.«

Diese Wirklichkeiten können nur durch Intuition erfahren werden. Intuition ist deshalb nach Auffassung des Zen-Buddhisten die Art von Wissen, die allen anderen überlegen ist.

Intuition als höchste Form des Wissens

Suzuki unterscheidet drei Arten des Wissens. Die erste gewinnt man durch Lesen oder Hören. Man sammelt sie im Gedächtnis und hält sie für einen wichtigen Besitz. Der größte Teil unseres sogenannten Wissens ist von dieser Art. Da wir nicht alle Kenntnisse durch eigene Anschauung und Überprüfung erwerben können, sind wir darauf angewiesen, uns auf die übermittelten Kenntnisse vieler anderer Menschen zu verlassen.

Die zweite Art des Wissens ist die, die man als Wissenschaft bezeichnet. Sie ist das Ergebnis von Beobachtungen, Analysen, Spekulationen. Sie hat eine festere Grundlage als die erste Art, weil sie viel Persönliches, Selbsterlebtes enthält.

Die dritte Art von Wissen erreicht man durch intuitives Begreifen. Wer sich an der zweiten Art orientiert, hat häufig wenig Verständnis für die dritte Art des Wissens, weil diese keine nachweisbar feste Grundlage hat und deshalb als unverläßlich gilt. In Wirklichkeit aber ist das sogenannte wissenschaftliche Verstehen durchaus nicht beständig, sondern es muß immer wieder durch neue Erkenntnisse korrigiert und ergänzt werden. Das intuitive Begreifen ist den beiden anderen Arten des Wissens dadurch überlegen, daß es schneller ist. Denn in einem Notfall haben Wissenschaft und Logik keine Zeit, auf ihren Vorrat von Fakten und Berechnungen zurückzugreifen. Auch das Gedächtniswissen ist nicht schnell genug zur Hand, denn die Erinnerung kann einen Menschen im entscheidenden Moment im Stich lassen, und dem Verstand kann es mißlingen, alles früher im Gedächtnis Gespeicherte zum richtigen Zeitpunkt in der richtigen Anordnung abzurufen. Zen will deshalb die dritte Art des Wissens erreichen, das spontane Erkennen durch Intuition. Dazu aber ist eine langwierige Vorarbeit nötig, die ein hohes Maß an Geduld erfordert, wie Eugen Herrigel am Beispiel des Bogenschießens zeigt.

Die Schwierigkeit beginnt bereits beim Spannen des etwa zwei Meter langen Bogens. Der Schüler muß lernen, den Bogen zu spannen, ohne dabei viel Muskelkraft einzusetzen. Er darf also nicht seine ganze Körperkraft in diese Handlung legen, sondern nur seine Hände die Arbeit tun lassen, während die Arm- und Schultermuskeln locker bleiben. Erst wenn er das fertigbringt, ist eine der Vorbedingungen erfüllt, unter denen die Schießkunst »geistig« wird: Der gespannte Bogen fügt sich harmonisch in das »All« ein, und der Gedanke an das Ziel wird unwichtig.

Von einem Meister des Bogenschießens ließ Herrigel sich in diese Kunst einführen. Alles, was der Meister ihm vormachte, sah nicht nur schön, sondern auch ganz mühelos aus: das Auflegen des Pfeils, das Spannen des Bogens, das Abschießen. Nach der gelassenen, feierlich wirkenden Vorführung ergriff der Meister die Hände Herrigels und bewegte sie langsam durch alle Phasen hindurch, die von jetzt an geübt werden sollten.

Aber bereits beim ersten Versuch mit einem nicht sehr starken Übungsbogen merkte Herrigel, daß er zum Spannen erhebliche Körperkraft aufwenden mußte. Hinzu kommt, daß der japanische Bogen, anders als der europäische, nicht in Schulterhöhe gehalten wird. Man nimmt ihn vielmehr, sobald der Pfeil eingelegt ist, mit fast gestreckten Armen hoch, so daß sich die Hände des Schützen über seinem Kopf befinden. Dann zieht man die Hände gleichzeitig nach links und rechts auseinander. Je weiter sie sich voneinander entfernen, desto tiefer rücken sie, bis sich die linke Hand, die den Bogen hält, in Augenhöhe, die rechte Hand, die die Sehne zieht, über dem rechten Schultergelenk befindet. Bevor der Schuß gelöst werden darf, muß der Schütze eine Weile in dieser Stellung bleiben. Der Kraftaufwand, der durch das Spannen und Halten hervorgerufen wurde, hatte zur Folge, daß Herrigels

Hände schon nach wenigen Augenblicken anfingen zu zittern und sein Atem immer schwerer ging. Als sich dies auch während der nächsten Wochen nicht änderte, half sich Herrigel mit der Vorstellung, es gäbe sicherlich irgendeinen Trick bei dieser Sache, den er schon noch lernen würde.

Bedeutung des Atems

Nach Monaten des verbissenen Übens verlor Herrigel aber doch die Geduld und gestand dem Meister ein, daß er den Bogen auf die vorgeschriebene Weise offenbar nicht spannen könnte. Der Meister, der während dieser ganzen Zeit lediglich den Eifer seines Schülers gelobt und seine Haltung immer wieder ruhig korrigiert hatte, erklärte nun, daß auch die Atmung beim Spannen des Bogens eine wichtige Rolle spiele. Wenn der Bogenschütze im richtigen Rhythmus atme – und das war Herrigels nächste Aufgabe –, dann werde das Schießen von Tag zu Tag merklich leichter und die Gliedmaßen spürbar gelockerter. »Das Einatmen, sagte der Meister einmal, bindet und verbindet, im Festhalten des Atems geschieht alles Rechte, und das Ausatmen löst und vollendet, indem es alle Beschränkung überwindet. Aber das konnten wir damals noch nicht verstehen«, schreibt Herrigel später über seine schwierigen Anfänge.

Auch das richtige Atmen stellte sich als nicht so einfach heraus, wie Herrigel zunächst geglaubt hatte. Selbst als er allmählich die nötige Technik zu beherrschen glaubte und sich beim Spannen des Bogens darauf konzentrierte, daß Arm- und Schultermuskeln locker blieben, verkrampfte sich um so mehr seine Beinmuskulatur. Der Meister griff manchmal ein, indem er den einen oder anderen Beinmuskel schmerzhaft drückte und seinen Schüler daran erinnerte, nur an die richtige Atmung und an nichts anderes zu denken. Es dauerte Wochen, bevor Herrigel begann, wenigstens gelegentlich eine Ahnung von dem zu bekommen, was unter »geistigem« Spannen des Bogens zu verstehen sei.

Es war also kein Trick gewesen, wie Herrigel geglaubt

hatte, sondern das Geheimnis lag in einer Art von Atmung, die er vorher nicht gekannt hatte. Durch Gespräche mit japanischen Kollegen wurde ihm nun auch klar, weshalb sein Meister nicht von Anfang auf die richtige Atmung hingewiesen hatte. Denn hätte der Unterricht mit Atemübungen begonnen, so hätte Herrigel nie wirklich verstanden, wie groß die Bedeutung des Atems für die Kunst des Bogenschießens ist. Nach etwa einem Jahr des ständigen Übens war der deutsche Philosophie-Professor nun in der Lage, einen japanischen Bogen »geistig« zu spannen.

Sich selbst loslassen

Bis zu einer wirklichen »prajna«-Intuition war es allerdings noch ein weiter Weg. Als nächste Übung kam das Lösen des Schusses an die Reihe, das bislang noch völlig vernachlässigt worden war. Herrigel hatte immer dann, wenn das Verharren mit gespanntem Bogen nicht mehr auszuhalten war, die Sehne einfach losgelassen. Jedesmal war dabei ein kräftiger Ruck durch seinen Körper gegangen, der sich auf Bogen und Pfeil übertrug und die Zielbewegung verwackelte. Da aber die Zielscheibe, eine Walze aus gepreßtem Stroh, nur zwei Meter entfernt war, traf der Pfeil praktisch immer.

Ganz anders, so beobachtete Herrigel, verlief das Lösen des Schusses bei seinem Meister. Wenn dieser die Bogensehne losließ und der Pfeil abgeschossen wurde, schnellte die plötzlich geöffnete rechte Hand zwar mit einem Ruck zurück, aber im Körper rief dies nicht die geringste Erschütterung hervor. Dies konnte der Meister dadurch erreichen, daß er den rechten Arm, der vor dem Schuß einen spitzen Winkel bildete, sanft streckte. Der Ruck wurde auf diese Weise elastisch abgefangen und die Zielrichtung des Pfeils nicht beeinträchtigt. Auch dieser Vorgang, in dem, für das Empfinden eines Europäers, soviel konzentrierte Kraft und Spannung lag, wirkte auf Herrigel beeindruckend leicht und elegant.

Doch das Üben des mühelosen Abschusses wurde für ihn wieder zu einer langdauernden Anstrengung. Je mehr er sich bemühte, genau das zu tun, was der Meister ihm vormachte, desto mehr schien es ihm, als schieße er von Mal zu Mal unsicherer. Auch die Anweisung des Meisters, nicht an die Aufgabe zu denken, sondern sich vom Schuß überraschen zu lassen, half Herrigel nicht. Mehrere Monate lang übte er geduldig, bis ihm die Luft knapp wurde, aber es gelang ihm kein einziger richtiger Schuß.

In dieser unbefriedigenden Situation gab ihm sein Meister wieder einen wesentlichen Hinweis. Der richtige Schuß im richtigen Moment bleibe aus, wenn der Mensch nicht von sich selbst loskomme, erklärte er. »Sie spannen sich nicht auf die Erfüllung hin, sondern warten auf Ihr Versagen. Solange das so ist, bleibt Ihnen keine andere Wahl, als ein von Ihnen unabhängiges Geschehen selbst hervorzurufen, und solange sie es hervorrufen, öffnet sich Ihre Hand nicht in der rechten Weise – wie die Hand eines Kindes.«

Gespanntsein ohne Absicht

Diese Deutung verwirrte Herrigel erst recht. Für ihn war das Spannen des Bogens nur Mittel zum Zweck, um nämlich das Ziel zu treffen. Aber gerade das, so belehrte ihn der Meister, war sein Fehler. Die rechte Kunst sei völlig absichtslos. Je hartnäckiger man dabei bleibe, unbedingt das Ziel treffen zu wollen, desto weniger werde man lernen, den Pfeil richtig abzuschießen. Für die Kunst des Bogenschießens müsse man das richtige Warten lernen, müsse alles Eigene hinter sich lassen, bis nichts mehr übrig sei als absichtsloses Gespanntsein.

Zu Herrigels Enttäuschung wurden in den folgenden Unterrichtsstunden genau die gleichen Übungen gemacht wie vorher. Immer mehr hatte er nun das Gefühl, sein Ziel nicht erreichen zu können. Er sah sich einfach nicht in der Lage, die Empfehlung des Meisters, sich selbst loszulassen, in die Praxis umzusetzen. Jeder Schuß auf die Scheibe verwackelte.

Um von der körperlichen Lockerheit, in der der Bogen erst richtig gespannt werden kann, auch zu einer seelischen Lockerung zu kommen, riet ihm der Meister, schon auf dem Weg zum Übungsraum alles Äußere unbeachtet zu lassen und sich innerlich nur auf die Übungen einzustellen, als gäbe es nichts Wichtigeres auf der Welt als Bogenschießen.

Durch das sorgfältig ausgeführte Ein- und Ausatmen hatte Herrigel schon gemerkt, daß äußere Sinneswahrnehmungen um so mehr verblassen, je intensiver man sich auf das Atmen konzentriert. Wichtig ist dabei nur, daß der Körper sich in einer entspannten Lage befindet. Die in diesem ruhigen Zustand aufkommenden Gedanken, Gefühle, Stimmungen stören zwar zunächst den angestrebten Gleichmut. Allmählich lernt man aber, diese Störungen unwirksam zu machen, indem man sie gelassen verfolgt und beobachtet, bis man in eine Art Dämmerzustand gerät.

Wichtig ist jetzt, sich in diesem Zustand nicht zu verlieren, zum Beispiel nicht etwa einzuschlafen. Man wirkt dieser Gefahr durch einen »Sprung der Konzentration«, wie Herrigel es nennt, entgegen, etwa so, wie ein übernächtigter Mensch sich verhalten würde, wenn er wüßte, daß es für ihn lebenswichtig wäre, wach zu bleiben. Dieser Zustand, in dem nichts Bestimmtes mehr geplant, gedacht oder erwünscht wird, den man aber dennoch geistig wach erlebt, wird als die »rechte Geistesgegenwart« bezeichnet. Das bedeutet, daß der Geist überall gegenwärtig ist, weil er an keiner bestimmten Stelle haftet. Er ist, wie das Wasser, jederzeit in der Lage, sich anzupassen und seine Kraft in einen leeren Raum zu ergießen.

Um so selbstvergessen und absichtslos zu werden und im entscheidenden Augenblick intuitiv richtig zu reagieren, muß diese Form der Geistesgegenwart bis zum Überdruß eingeübt werden. Das kann durch das Bogenschießen, aber auch in anderen kultischen Zeremonien, wie beispielsweise dem Schwertkampf oder dem Blumenarrangement, geschehen.

Vor-Bilder sind wichtiger als Worte

Das Bogenschießen ist nur eins von vielen Beispielen dafür, wie wesentlich die traumhaft sichere Beherrschung eines Handwerks ist, um schließlich zu jener »Geistesgegenwart«

zu kommen, die der Zen-Buddhist erreichen möchte. Erst wenn die Technik in Fleisch und Blut übergegangen ist, kann sich der Geist für jede Inspiration, jeden schöpferischen Einfall öffnen. Einüben, Wiederholen und Wiederholung des Wiederholten sind die Kennzeichen für den japanischen Unterricht in den traditionellen Künsten. Was der Schüler vom Meister vorgeführt bekommt, muß er durch einfühlende Nachahmung für sich selbst erschließen.

Bei Eugen Herrigel dauerte diese einfühlende Nachahmung sechs Jahre. Dem deutschen Professor fiel dabei besonders die kritiklose Verehrung auf, die japanische Schüler einem Meister entgegenbringen, was wiederum dem Meister eine besonders hohe Verantwortung auferlegt.

Die Anweisungen eines Meisters sind knapp. Viel wichtiger als das, was er sagt, ist das, was er tut. Fragen werden nicht oder kaum gestellt. Geduldig beobachtet der Meister den Schüler bei seinen Übungen und wartet die allmähliche Reifung gelassen ab. Für beide, Meister wie Schüler, spielt Zeit keine Rolle.

Wie beim Bogenschießen, so ist auch beim Malen mit Tusche die Vorbereitung ganz wesentlich. Ein Meister nimmt vor seinen Schülern Platz. Er prüft eingehend die Pinsel, legt sie bedächtig vor sich hin, reibt sorgfältig Tusche, legt die lange schmale Papierbahn zurecht und verharrt dann eine Zeitlang in tiefer Konzentration. Dann auf einmal, als habe er mit seinem inneren Auge alles genau gesehen, läßt er mit schnellen, treffsicheren Strichen ein Bild entstehen, das nicht mehr korrigiert oder ergänzt wird und das den Schülern nun als Vorlage dient. Dieser Vorgang wiederholt sich in jeder Unterrichtsstunde mit pedantischer Genauigkeit. Bei alledem wirkt der Meister so, als habe er sich und seine Schüler völlig vergessen; er ist ganz seiner Kunstausübung hingegeben. Daß der Meister alle Vorbereitungen selbst trifft und nicht etwa einem Schüler das Reiben der Tusche überläßt, zeigt, daß diese Tätigkeiten eine Bedeutung haben: Sie stimmen den Meister auf seine künstlerische Arbeit ein. Außerdem sind sie auch für die Schüler bedeutsam. Die vorbildhafte Zeremonie sagt mehr als Worte und ist leichter nachzuahmen.

Der »geistige« Flug des Pfeils

Herrigel hatte zwar mühselig gelernt, den Bogen ohne körperliche Anstrengung und mit der richtigen Atemtechnik zu spannen, aber das richtige Loslassen gelang ihm nicht. Der Meister versuchte ihm mit einem bildlichen Vergleich zu helfen: Ein Bambusblatt wird vom Schnee herabgedrückt. Aber plötzlich, wenn die Schneelast sich nicht mehr halten kann, rutscht sie herunter, ohne daß das Blatt sich vorher bewegt hätte. Ähnlich muß es dem Schützen gehen – der Schuß muß von ihm »abfallen« wie der Schnee vom Bambusblatt.

Doch auch diese Vorstellung verhalf Herrigel noch lange nicht zu einem unbekümmerten, unabsichtlichen Lösen des Schusses. Erst im vierten Übungsjahr, als er fast aufgegeben hatte und ihm sein lange erstrebtes Ziel beinahe gleichgültig geworden war, rief der Meister ihm eines Tages zu: »Eben hat *es* geschossen!« Herrigels Schuß war endlich wie eine reife Frucht von ihm abgefallen, ohne Absicht und mühelos.

Aber dieser erlösende Schuß war keineswegs die Garantie dafür, daß der Schüler von nun an ein »Erleuchteter« war. Wie es kam, daß der Schuß sich ohne sein Zutun wie von selbst löste, konnte sich Herrigel nicht erklären. Von den nächsten Schüssen gelangen ihm nur sehr wenige auf die gleiche Weise. Um in dieselbe gleichmütige Stimmung zu kommen, mußte weitergeübt werden, als sei nichts geschehen. Von der »prajna«-Intuition, die der Meister am Anfang des Unterrichts erwähnt hatte, war noch nicht die Rede.

Diese Intuition, die höchste Stufe der Meisterschaft, lernte Herrigel erst sehr viel später ahnungsweise kennen, als er endlich damit beginnen durfte, direkt auf eine Scheibe zu schießen. Diese war, anders als die vorher verwendete Strohwalze, in einer Entfernung von etwa sechzig Metern aufgestellt und ruhte auf einer hohen Sandaufschüttung.

Der Meister führte das Schießen vor, schoß zweimal, und beide Pfeile trafen ins Schwarze. Die Pfeile der Schüler dagegen trafen erwartungsgemäß nicht, sondern landeten irgendwo vor der Sandaufschüttung auf dem Erdboden. Auch hier mußte nun wieder geduldig gelernt werden, den Pfeil

»geistig« weit genug fliegen zu lassen, so, als sei das Ziel unendlich weit entfernt. Was Herrigel als besonders erstaunlich auffiel, war, daß der Meister beim Schießen die Augen fast geschlossen hatte; man konnte den Eindruck haben, er ziele gar nicht auf die Scheibe.

Man könne auch Bogenmeister werden, wenn nicht jeder Schuß im Ziel lande, bestätigte der Meister diesen Eindruck. Mit Technik allein könne man zwar ein respektabler Kunstschütze werden. Aber für die ›große Lehre‹ des Zen sei das ganz unerheblich. Für den absichtslosen Meister seien die Treffer auf der Scheibe lediglich die äußeren Anzeichen für die innere Versunkenheit. Doch an diese Zusammenhänge mit logischem Denken heranzugehen, sei sinnlos; es handle sich um »Vorgänge, an die der Verstand nicht heranreicht«.

Beherrschung der »kunstlosen Kunst«

Herrigels europäisch geprägtem Kopf ließ diese Äußerung aber, trotz mehrjähriger japanischer »Erziehung«, doch keine Ruhe. Immerhin war es ja denkbar oder sogar sehr wahrscheinlich, daß ein Bogenmeister, der jahrzehntelang das Schießen geübt hatte, mit geradezu nachtwandlerischer Sicherheit zumindest die sechzig Meter entfernte Scheibe treffen müßte, selbst wenn er dabei nicht jedesmal ins Schwarze treffen würde. Theoretisch müßte dies einem Meister sogar mit verbundenen Augen gelingen. In einem Moment unbeherrschter Neugier sprach Herrigel dieses Thema an. Der Meister reagierte ruhig auf dieses Ansinnen und bestellte seinen Schüler für den Abend zum Tee.

Nach einer Zeit des schweigsamen Zusammensitzens gingen beide durch die Dunkelheit zur hellerleuchteten Übungshalle. Der Schießstand, der im Dunkeln lag, war von dort aus nicht zu erkennen. Herrigel mußte ein winziges Kerzenlicht vor der Scheibe in den Sand stecken, durfte aber im Scheibenstand nicht das Licht anknipsen.

Aus der Helligkeit der Halle schoß der Meister in die Nacht. Am Aufschlag erkannte Herrigel, daß der Schuß die

Scheibe getroffen hatte. Auch ein zweiter Pfeil, den der Meister löste, schien getroffen zu haben. »Als ich am Scheibenstand Licht gemacht hatte«, berichtet Herrigel, »entdeckte ich zu meiner Bestürzung, daß der erste Pfeil mitten im Schwarzen saß, während der zweite die Kerbe des ersten Pfeiles zersplittert und den Schaft ein Stück weit aufgeschlitzt hatte, bevor er sich neben ihm ins Schwarze bohrte.«

Die Erläuterung, die der Meister gab, war knapp wie gewohnt. Der erste Treffer sei möglicherweise tatsächlich aus jahrzehntelanger Gewohnheit gelungen. Der zweite Treffer aber sei der Beweis dafür, daß *es* geschossen und getroffen habe. Ihm selbst, dem Schützen, gebühre deshalb kein Lob.

Während der nächsten zwei Jahre, die Herrigel mit Üben verbrachte, kam er nicht mehr in Versuchung, sich um seine Treffsicherheit zu kümmern, ärgerlich über schlechte Schüsse zu sein und sich über gelungene zu freuen. Er hatte in jener Nacht erkannt, worauf es ankam, um die »prajna«-Intuition zu erlangen: Man muß, wie der Meister sagte, »das Hin und Her von Lust und Unlust hinter sich lassen«. Erst wenn diese höchste Kunst erreicht ist, kann man Zen-Meister genannt werden. Wer die »kunstlose Kunst« beherrscht, der trifft die Mitte auch ohne Bogen und Pfeil.

Herrigels Berichte sind hier deshalb ausführlich wiedergegeben worden, weil die angestrebten intuitiven Erfahrungen einerseits einen deutlichen Gegensatz zur heutigen westlichen Denkungsart bilden, andererseits aber doch an Erlebnisse anklingen, die Europäern nicht völlig fremd sind: die der großen Mystiker.

»Ohne ›Satori‹ gibt es kein Zen«, schreibt Daisetsu Teitaro Suzuki in seinem Buch ›Die große Befreiung‹. »Satori mag definiert werden als intuitive Innenschau, im Gegensatz zu intellektuellem und logischem Verstehen. Wie auch die Definition lauten mag, Satori bedeutet die Enthüllung einer neuen Welt, die im Wirrsal des dualistischen Geistes unerkannt bleibt.«

Sinneswahrnehmung und Intuition

Unser intuitives Urteil über andere Menschen gründet sich auf Wahrnehmungen, von denen wir größtenteils nichts wissen. Ob unser Urteil immer zutrifft, steht hier nicht zur Diskussion. Aber eine Frage, die sich wissenschaftlich klären läßt, ist beispielsweise: Wann und wie fangen wir an, Menschen wahrzunehmen, Gesichter zu unterscheiden, Ausdrucksformen zu erkennen?

Die Fähigkeit, bestimmte Formen wahrzunehmen, entwickelt sich, wie entsprechende Forschungen beweisen, schon in den ersten Lebenstagen. Bereits unmittelbar nach der Geburt erregen helle Lichter und bewegte Gegenstände die Aufmerksamkeit eines Säuglings. Sehr bald können Säuglinge auch eine Form oder ein Muster von dessen Hintergrund unterscheiden oder zwei verschiedene Formen als unterschiedlich wahrnehmen; das hat man feststellen können, indem man ihren Blick beobachtet hat. Dabei zeigte sich, daß Säuglinge schon in den ersten Lebenswochen länger und häufiger gemusterte Flächen – zum Beispiel ein Schachbrettmuster – anschauten als ungemusterte. Wenn man über dem Kopf eines Kindes zwei verschiedene Reize bot und die Blickrichtung beobachtete, konnte man eindeutig erkennen, welchen Reiz der Säugling zuerst, am längsten und am häufigsten ansah.

Mit zunehmendem Alter verwenden, wie man festgestellt hat, kleine Kinder immer mehr Zeit darauf, auch kompliziertere Muster anzusehen. Das läßt den Schluß zu, daß ihre Differenzierungsfähigkeit sich ständig verbessert. Ganz junge Säuglinge tun das nämlich nicht.

Natürlich kann man das längere Ansehen eines Objektes nicht immer mit Wahrnehmung gleichsetzen. Es kann ja sein, daß ein Säugling einfach ganz passiv in die Gegend starrt oder mit offenen Augen döst. Doch ist mit dem EEG festzustellen, ob es sich im jeweiligen Fall um ein Erregungs- oder ein Schlafmuster handelt.

Was Gesichter »sagen«

Wahrnehmungspsychologen haben durch Versuche festgestellt, daß schon Säuglinge in den ersten Lebensmonaten Gesichter und sogar Bilder von Gesichtern länger betrachten als andere Formen und Muster, die ihnen vorgehalten werden. Bei etwa drei Monate alten Säuglingen löst der Anblick eines Gesichts häufiger als der jedes anderen Objektes ein Lächeln aus. Gegen Ende des ersten Lebensjahres entwickelt der Säugling die Fähigkeit, zwischen ihm bekannten und unbekannten Gesichtern zu unterscheiden.

Bei einer Wahrnehmungs-Untersuchung, die amerikanische Forscher 1963 durchführten, stellte man fest, daß dreijährige Kinder etwa 70 Prozent, sechsjährige etwa 90 Prozent ihrer Klassenkameraden auf Fotos identifizieren konnten. Aber nur wenige Kinder waren vor dem elften Lebensjahr in der Lage, solche Fotografien zu identifizieren, wenn sie seitenverkehrt gezeigt wurden. Ungefähr die Hälfte der etwa Vierjährigen konnte ihre Klassenkameraden erkennen, wenn nur das halbe Foto gezeigt wurde. Den Zehnjährigen dagegen gelang dies ohne Ausnahme. Bei diesen Versuchen fiel auf, daß die Gesichter leichter zu erkennen waren, wenn die obere Hälfte zu sehen war – offenbar blicken Kinder vor allem auf die Augen anderer Menschen.

Andere Versuche ergaben, daß Kinder meist nur in geringem Umfang die einzelnen physischen Merkmale ihres Gegenüber wahrnehmen, sondern sich viel mehr für die vermuteten Eigenschaften und Absichten interessieren, die sie aus einem Gesicht intuitiv herauslesen zu können glauben. Diese Beobachtung läßt den Schluß zu, daß wir offenbar schon in frühester Kindheit ein Sensorium dafür entwickeln, was ein fremdes Gesicht uns »sagt« und was wir von einem anderen Menschen zu erwarten haben.

Wenn Säuglinge die Fähigkeit zeigen, zwischen zwei verschiedenen Mustern zu unterscheiden, bedeutet das noch nicht, daß sie bereits in der Lage wären, Gegenstände in dem Sinne zu identifizieren, daß sie sich an diese von einer früheren Gelegenheit her erinnern und sie erkennen können, wenn sie wieder auftauchen. Um Eindrücke zu bewahren, muß die Gedächtniskapazität erst hinreichend entwickelt sein. Zuerst werden deshalb aller Wahrscheinlichkeit nach diejenigen Gegenstände oder Personen identifiziert, die besonders vertraut sind, häufig wiederkehren und für das Kind eine besondere Bedeutung haben. So wird zum Beispiel das Gesicht der Mutter schon von etwa vier Wochen alten Säuglingen besonders intensiv betrachtet, was sich durch die Messung der Erregungsreaktionen einwandfrei beweisen läßt. Auffallend ist dabei, daß Säuglinge, wie auch etwas größere Kinder, vor allem die Augen und den oberen Teil des Gesichts anblicken.

Daß Säuglinge beim Anblick von Gesichtern, manchmal sogar beim Anblick bloßer Gesichtsformen lächeln, gilt als eher automatische Reaktion, die mit etwa sechs bis acht Monaten differenzierter wird. Mit ungefähr vier Monaten ist ein Säugling meist in der Lage, eine bestimmte Gruppe von Objekten, die ihm Vergnügen bereiten, zu identifizieren. Dies wird noch erleichtert, wenn zwei oder mehr Sinneseindrücke aus derselben Quelle gemeinsam auftreten, wenn also beispielsweise zur optischen Wahrnehmung eine akustische hinzukommt. So stellte der französische Psychologe Jean Piaget fest, daß ein Säugling von zwei oder drei Monaten den Kopf in Richtung einer Stimme drehte und den Sprechenden aufmerksam ansah. In den ersten Lebensmonaten spielen darüber hinaus auch die taktilen Erfahrungen des Kindes eine wichtige Rolle: Durch Anfassen, Stoßen, Schieben und In-den-Mund-Nehmen von Gegenständen lernt ein Säugling, daß Objekte mit bestimmten äußeren Erscheinungsweisen auch ganz bestimmte Eigenschaften besitzen – sie sind weich, hart, glatt oder rauh, leicht oder schwer. Aus seinen zahlreichen Sinneseindrücken entwickelt das Kind allmählich gewisse Schemata, die ihm dazu verhelfen, sich in seiner Umgebung zu orientieren und Personen und Gegenstände »einzuordnen«. Auf dieser Informationsgrundlage wächst die Intuition.

Physiognomische Wahrnehmungen

Ob solche Schemata wirklich alle im Laufe der ersten Lebensjahre entwickelt werden oder ob einige von ihnen bereits angeboren sind, ist noch nicht einwandfrei geklärt. Festzustehen scheint, daß kleine Kinder dazu neigen, zunächst einmal alle bewegten Objekte als »lebendig« zu betrachten und ihnen bestimmte Handlungsabsichten zu unterstellen. Auch gegenüber anderen Personen haben Kinder die Tendenz, weniger auf einzelne Körper- oder Verhaltensmerkmale zu achten (es sei denn, diese sind sehr auffällig), sondern auf das, was der andere »ausstrahlt« – ob er freundlich, sympathisch, streng, kühl, schwach oder gefährlich ist. Ob diese Art der »physiognomischen« Wahrnehmung angeboren ist oder ob Kinder während der ersten Lebensjahre lernen, aus äußeren Merkmalen auf Charaktereigenschaften zu schließen, ist unter Psychologen noch umstritten.

Ähnlich unklar ist, von welchem Alter ab Kinder die Emotionen von Erwachsenen wahrnehmen und darauf reagieren. Eine englische Studie aus dem Jahr 1961 kommt zu dem Schluß, daß diese Fähigkeit sich später entwickelt als man bisher angenommen hat. Die Psychologin S. Honkavaara unterscheidet vier Entwicklungsstadien: 1. das dynamisch-affektive Stadium (dabei steht die Wahrnehmung in engem Zusammenhang mit eigenen Wünschen und Gefühlen); 2. das realistische oder objektive Stadium; 3. das physiognomische Stadium (der emotionale Ausdruck anderer Menschen wird nun unabhängig von eigenen Gefühlen und Wünschen wahrgenommen); 4. das intuitive Stadium – jetzt werden Schlußfolgerungen über Objekte und Menschen gezogen.

Bei ihrer Untersuchung hatte die Psychologin Kindern von fünf oder mehr Jahren eine Reihe von Zeitschriften-Fotos vorgelegt, auf denen Menschen zu sehen waren, deren Gesichter einen ausgeprägt emotionalen Ausdruck hatten. Auf die Frage, was das jeweilige Foto zeige, gaben die jüngsten Kinder objektive Antworten, entsprechend dem zweiten Stadium, zum Beispiel: »Einen Mann«. Physiognomische Wahrnehmungen, gemäß Stadium 3, zeigten sich erstmals bei etwa

Sieben- bis Achtjährigen; fünfzehnjährige Kinder machten diese Wahrnehmungen häufig, schrieben allerdings den fotografierten Gesichtern sehr unterschiedliche Emotionen zu. Oft wurden Kinder aber durch andere Merkmale eines Fotos abgelenkt und reagierten entsprechend »falsch«. So wurde zum Beispiel ein Mädchen mit gerunzelter Stirn, das ein rotes Kleid trug, von manchen Kindern als »glücklich« bezeichnet.

Daß es bei der Wahrnehmung von Emotionen auf Fotos unterschiedliche Deutungen gibt, sagt allerdings noch nicht viel über die Wahrnehmung von Gefühlen anderer Menschen im täglichen Leben aus. Denn bei lebendigen Menschen ändert sich ja nicht nur der Gesichtsausdruck ständig, sondern zur Mimik kommen noch Gesten, Veränderungen der Stimme und Handlungen hinzu, die eine Beurteilung der Gefühle des anderen ermöglichen oder zumindest erleichtern.

Die Suche nach »wesentlichen« Merkmalen

Jeden Tag wird unser Wahrnehmungsvermögen beim Umgang mit anderen Menschen neu herausgefordert, aus wenigen vorgegebenen Daten ein möglichst umfangreiches Ganzes zu machen. Bei einer Begegnung mit einem unbekannten Menschen möchten wir in kürzester Zeit wissen, mit wem wir es zu tun haben. Wie »finden« wir ihn? Wirkt er sympathisch auf uns, vertrauenswürdig? Empfinden wir vielleicht eine spontane Abneigung gegen ihn, ohne dafür sofort eine Ursache nennen zu können? Oder könnten wir uns sogar in ihn verlieben?

Um solche Fragen mit annähernder Sicherheit richtig beantworten zu können, ziehen wir unbewußt unsere Intuition zu Rate. Auch wenn dieser »Datenspeicher«, der unzählige Erfahrungen und unzählige Kombinationsmöglichkeiten enthält, sich nicht wie ein Computer willkürlich »anzapfen« läßt, gibt er uns prompt, nach »eigenem Ermessen«, Informationen an die Hand, nach denen wir, ohne zu wissen wie, unsere Reaktionen einstellen.

Offensichtlich sind unter diesen Informationen einige verläßliche Kennzeichen, die wir quasi automatisch anpeilen, wenn wir anderen Menschen gegenüberstehen. Wir suchen nach besonderen Merkmalen, nach dem, was uns »typisch« erscheinen könnte und auf das wir uns einstellen möchten. »Wir könnten die anderen nicht wahrnehmen und wiedererkennen«, schreibt der Kunstwissenschaftler Ernst H. Gombrich, »wenn wir nicht das Wesentliche herausfinden und vom Zufälligen trennen könnten – gleichgültig, in welcher Sprache wir diese Unterscheidung formulieren wollen. Da die Menschen heute die Computersprache bevorzugen, sprechen sie von Strukturerkennung und vom Abtasten der Invarianten, die für ein Individuum charakteristisch sind.«

Die Fähigkeit, eine Identität auch dann wahrzunehmen, wenn sich viele äußere Merkmale verändert haben, macht den menschlichen Geist jedem Computer überlegen. Diese Wahrnehmungsleistung macht es möglich, daß ein Mensch einen anderen wiedererkennt, auch wenn Beleuchtung und Blickwinkel sich ändern, wenn man den anderen sehr lange nicht gesehen hat, oder sogar dann, wenn vom anderen nur ein bestimmter charakteristischer Teil zu sehen ist. Auch wenn sich beispielsweise ein Gesicht in dauernder Bewegung befindet, spricht man doch von einer »physiognomischen Konstanz«, die es ermöglicht, daß ein Gesicht trotz unterschiedlicher Mimik immer wiedererkannt werden kann.

Obgleich sehr viele Menschen nicht in der Lage wären, die individuellen Gesichtszüge ihrer engsten Freunde präzise zu beschreiben, können sie dennoch mit größter Sicherheit die ihnen vertrauten Züge aus Tausenden herausfinden. Wir orientieren uns an dem, was wir selbst für den charakteristischen Ausdruck halten, ähnlich wie wir auch eine uns bekannte Stimme oder Handschrift identifizieren können. Immer ist es ein bestimmter Gesichtsausdruck, der sich uns einprägt, auch wenn diese Eindrücke nicht bei allen Menschen die gleichen sind – man braucht nur daran zu denken, wie oft sich eine lebhafte Auseinandersetzung über »Ähnlichkeit« ergibt, die der eine Gesprächspartner »ganz eindeutig« feststellt, der andere dagegen »überhaupt nicht« erkennen kann.

Diese unterschiedlichen Ansichten beweisen einmal mehr, daß jeder Mensch seine ganz eigenen Kategorien hat, mit denen er seine Umwelt erfaßt.

Die »Ähnlichkeit« von Porträts

Um ein Gesicht wiederzuerkennen oder ein unbekanntes Gesicht danach zu beurteilen, ob es uns wohlgesonnen, feindselig oder gleichgültig ist, muß unsere Intuition eine Menge von Informationen verarbeiten, ohne daß wir sagen könnten, wie sie das tut. Eine Ahnung davon bekommen wir, wenn wir uns beispielsweise die Kunst von Porträtmalern daraufhin betrachten, wie es ihnen gelingt, ihr Bild dem Modell ähnlich zu machen.

»Es gibt gewisse Fehler, die man als mögliche Ursachen für einen falschen Ausdruck zu beachten lernt«, berichtet die englische Porträtmalerin Jane Robertson in einem Buch über die praktischen Probleme dieser Malerei. »Wirkt etwa der Eindruck zu ›scharf‹? Man überprüfe sorgfältig, ob die Augen nicht zu nahe beieinanderstehen. Oder ist im Gegenteil der Blick zu ›vage‹? Man vergewissere sich, daß sie nicht zu weit auseinanderstehen. Natürlich kommt es oft vor, daß die Umrisse richtig sind; aber die Über- oder Unterbetonung der Schatten kann die Augen scheinbar zusammen- oder auseinanderrücken.«

Auch andere Gesichtspartien können dafür verantwortlich sein, daß der Ausdruck nicht »stimmt«. Wenn man zum Beispiel trotz der Überzeugung, den Mund richtig gemalt zu haben, immer noch meint, er sehe »irgendwie falsch« aus, dann solle man die Farbtöne der Umgebung prüfen, vor allem den Oberlippenbereich. Denn ein Fehler in der Region zwischen Nase und Mund könne dafür ausschlaggebend sein, daß der Mund wirkt, als sei er nach vorn oder nach hinten geschoben – was wiederum den gesamten Ausdruck stark beeinflußt. Auch die Stellung des Ohrs darf in ihrer Wirkung nicht unterschätzt werden, weil sie unter Umständen das Gesicht entweder brutal oder aber zu weichlich erscheinen läßt.

Kleine Ursachen, bedeutsame Wirkungen

Schon lange bevor sich die Psychologie mit Wahrnehmungstheorien und Ausdrucksforschung zu beschäftigen begann, hatten Künstler immer wieder systematisch die Abhängigkeit eines Ausdrucks von bestimmten Einzelmerkmalen untersucht, um herauszufinden, wie ein Gesamteindruck entsteht. In einem »Essay zur Physiognomonie« formulierte Rodolphe Toepffer im Jahre 1845 die grundlegende Erkenntnis, daß jede Figur, die man als Gesicht deuten kann, auch wenn sie noch so schlecht gezeichnet ist, einen entsprechenden Ausdruck und Individualität besitzt.

Um die Beziehungen zwischen den einzelnen Merkmalen eines Gesichts und seinem Gesamteindruck experimentell zu bestätigen, unternahm Anfang dieses Jahrhunderts der Wiener Psychologe Egon Brunswik eine Reihe von Versuchen mit gezeichneten Strichmännchen. Brunswiks Forschungsergebnisse zeigten deutlich, daß unsere physiognomische Wahrnehmung selbst auf ganz geringfügige Veränderungen sehr empfindlich reagiert: Schon eine kleine Verschiebung des Augenabstandes kann den Ausdruck eines Strichmännchens entscheidend verändern. Wenn dies bereits bei so einfachen Formen der Fall ist, läßt sich um so leichter ermessen, welcher Arbeitsaufwand unserer Intuition bei einem so komplexen Gebilde wie dem menschlichen Gesicht zugemutet wird.

Eine der anschaulichsten Schilderungen vom geheimnisvollen Zusammenwirken der Einzelmerkmale gibt Thomas Mann in seinem Roman ›Joseph und seine Brüder‹. Über Rahel, die künftige Frau Jakobs, schreibt er ebenso wortreich wie präzise:

»Was für ein liebliches Gesicht! Wer beschriebe seinen Zauber? Wer legte das Zusammenspiel süßer und glücklicher Fügungen auseinander, aus denen das Leben, da- und dorthin ins Erbe greifend und unter Zutat des Einmaligen, die Huld eines Menschenantlitzes schafft, – einen Reiz, der auf Messers Schneide schwebt, der, wie man sagen möchte, immer an einem Haare hängt, so daß, wenn auch nur ein kleiner Zug, ein Müskelchen anders säße, nicht etwa immer noch vieles übrig, sondern der ganze, die Herzen dienstbar machende Gefälligkeitsspuk unvorhanden wäre? Rahel war hübsch und schön. Sie war es auf zugleich pfiffige und sanfte Weise, von der Seele her, man sah – und auch Jakob sah es, denn ihn sah sie an –, daß Geist und Wille, ins Weibliche gewendete Klugheit und Tapferkeit hinter dieser Lieblichkeit wirkten und ihre Quelle waren: so voller Ausdruck war sie und schauender Lebensbereitschaft.«

Das »Wissen von fremden Ichen«

Wie und warum sich Menschen geistig in andere hineinversetzen, dafür hatte der deutsche Philosoph Theodor Lipps in seiner Arbeit ›Das Wissen von fremden Ichen‹ aus dem Jahre 1907 eine Theorie entwickelt. In dieser Arbeit, mit der er seine sogenannte »Einfühlungslehre« erläuterte, ging Lipps davon aus, daß jeder Mensch eine Tendenz zur Nachahmung fremder Bewegungen habe. Diese Tendenz könne man zweifelsfrei daran erkennen, daß bestimmte Lebensäußerungen, wie zum Beispiel das Gähnen, als »ansteckend« empfunden und nachgeahmt werden.

Wenn jemand die Bewegung eines anderen Menschen wahrnehme, sei damit zwar nicht zwangsläufig verbunden, daß er diese Bewegung tatsächlich jedesmal nachahme. Eine Neigung dazu, so glaubte Lipps, sei aber immer vorhanden.

Diese Nachahmungstheorie wird auch von einigen modernen Forschern gestützt. Hubert Rohracher zum Beispiel, der eine sogenannte »Rudimenten-Theorie« entwickelt hat, ist überzeugt davon, daß »dadurch, daß winzige Ansätze zu bestimmten Bewegungen entstehen, auch der ihnen entsprechende Gemütszustand in einem ganz leichten Grade zustande« komme.

Nach dieser Auffassung löst also beispielsweise ein trauriges Gesicht bei demjenigen, der dieses Gesicht sieht, den (vielleicht auch nur winzigen) Impuls aus, das eigene Gesicht in dieselbe Muskelstellung zu versetzen. Dadurch entstehe

137

ebenfalls ein Ausdruck von Traurigkeit, und auf diese Weise werde einem der Ausdruck des fremden Gesichts begreiflicher.

»Ausstrahlung« – oder »Einstrahlung«?

In seinem Buch ›Die Arbeit des Schauspielers an sich selbst‹ behandelt der russische Theaterregisseur Konstantin Sergejewitsch Stanislawski auch die innere, unsichtbare, seelische Wechselbeziehung zwischen dem Schauspieler und seinem Publikum. Über diese Beziehung zu sprechen, fand Stanislawski besonders schwierig, weil sie etwas ist, das er nur intuitiv wahrnahm, für das er aber keine theoretische Formel, keinen allgemein bekannten Begriff benutzen konnte. Um seinen Schülern aber anzudeuten, was er meinte, und um ihnen das Gespür für diese Wechselbeziehung zu vermitteln, zitierte er einen Text, in dem auf eine solche Beziehung literarisch angespielt wird:

> »Er griff mich bei der Hand und hielt mich fest,
> Dann lehnt' er sich zurück, so lang sein Arm;
> Und mit der andern Hand so überm Auge
> Betrachtet' er so prüfend mein Gesicht,
> Als wollt' er's zeichnen. Lange stand er so;
> Zuletzt ein wenig schüttelnd meine Hand
> Und dreimal hin und her den Kopf so wägend,
> Holt' er solch einen bangen tiefen Seufzer,
> Als sollt' er seinen ganzen Bau zertrümmern
> Und endigen sein Dasein. Dies getan,
> Läßt er mich gehn; und über seine Schultern
> Den Kopf zurückgedreht, schien er den Weg
> Zu finden ohne seine Augen; denn
> Er ging zur Tür hinaus ohn' ihre Hilfe
> Und wandte bis zuletzt ihr Licht auf mich.«

Dieser Text gibt die Erzählung der Ophelia in Shakespeares ›Hamlet‹ wieder. Obwohl die Begegnung zwischen den beiden stumm verläuft, ist sie doch sehr »sprechend«. Vor allem

Hamlets Augen beeindrucken Ophelia stark; sie bleiben auf ihr haften, während Hamlet den Raum verläßt. Hamlet geht mit zurückgewandtem Kopf aus der Tür, so sicher, als habe er auch hinten noch Augen.

Stanislawski erinnert seine Schüler an ihre eigenen Erlebnisse mit ähnlichen Augen-Eindrücken. Wie aber soll er dieses unsichtbare Mittel der wechselseitigen Beziehung nennen? »Strahlensendung« oder »Strahlenempfang«? »Ausstrahlung« oder »Einstrahlung«? Zwar ist er mit diesen Bezeichnungen nicht ganz zufrieden, benutzt sie aber weiter, weil sie sich eingebürgert haben. »Die Zeit ist nicht mehr fern«, glaubt er allerdings, »in der die unsichtbaren Strömungen, die uns jetzt interessieren, von der Wissenschaft erforscht sein werden, und dann wird man eine bessere Terminologie dafür finden.« Mit Hilfe der eigenen Empfindungen sollen nun die Schauspielschüler die unsichtbaren Wege der Wechselbeziehung erforschen, sie im eigenen Inneren aufspüren und ihnen nachgehen.

Im Zustand innerer Ruhe sind diese sogenannte Strahlensendung und der Strahlenempfang schwerer wahrzunehmen als in Augenblicken der Erregung, der Ekstase oder anderer starker Empfindungen. Der Regisseur nennt als Beispiel ein junges Brautpaar, das sich gestritten hat, jetzt nicht mehr miteinander spricht und weit voneinander entfernt sitzt. Die Braut tut so, als sähe sie ihren Verlobten nicht. Mit dieser Verstellung lenkt sie aber seine Aufmerksamkeit ganz besonders auf sich. Der Verlobte sieht das Mädchen mit den Augen eines schuldbewußten Kaninchens bittend an, er durchbohrt sie förmlich mit seinen Blicken. Aber sie sieht ihn nicht an. Nur einmal, ganz kurz, fängt er einen knappen, verärgerten Blick von ihr auf, der ihn aber verständlicherweise nicht gerade erleichtert. Schließlich setzt er sich dem Mädchen unmittelbar gegenüber, um noch direkter in ihr Gesicht sehen zu können. Am liebsten würde er ihre Hand ergreifen, um ihr durch die Berührung sein Gefühl zu übertragen. Aber seine Braut sperrt sich, sie will jetzt keine Beziehung zu ihm aufnehmen.

Wortlose Sprache

Mit dieser Schilderung stimmt Stanislawski seine Schüler in die folgenden Übungen ein. Die Schüler setzen sich paarweise nebeneinander und beginnen, noch mechanisch und verkrampft, einander anzusehen und dabei die eigene und die »Strahlung« des Partners wahrzunehmen. Der Regisseur ist damit aber vorläufig nicht zufrieden. Bei einem so diffizilen Vorgang, wie es die Strahlensendung sei, müsse man unbedingt entspannt sein. Die Blicke dürfen sich nicht ineinander »verkrallen«, die Augen nicht vor lauter Anstrengung aus dem Kopf treten. Auch sollen keine Gedanken oder Worte mit den Augen ausgestrahlt werden – die Augen sollen nur ergänzen, was sich durch die Stimme nicht ganz mitteilen läßt.

Zwei Schauspielschüler setzen nun ein Streitgespräch, das sie vorher begonnen hatten, ausschließlich mit den Augen fort. Der Regisseur beobachtet, dann bestätigt er, daß er gerade eine wechselseitige Ausstrahlung wahrgenommen habe. »Entsinnen Sie sich, was in der Zeit dieses abwartenden Schweigens vor sich ging?« fragt er einen der beiden Blick-Partner. »Ein Fehlschuß!« gesteht dieser ein. »Das Beispiel, das ich angeführt hatte, überzeugte meinen Partner nicht, deshalb suchte ich ein neues und peilte ihn an.«

Zu diesem Blickkontakt gehört, nicht nur sich selbst zuzuhören und den Blick entsprechend zu füllen, sondern auch das aufzunehmen, was im anderen vorgeht und von seinem Blick ausgestrahlt wird. Dann, so erklärt Stanislawski, fühlt man, daß neben dem bewußten Streit mit Worten und dem verstandesmäßigen Gedankenaustausch gleichzeitig noch ein anderer Prozeß im Inneren vor sich geht, ein gegenseitiges Abtasten, das »wellenartig« durch die Augen ausgesandt und empfangen wird.

Man kann ein Objekt ansehen, ohne dabei irgend etwas wahrzunehmen, zum Beispiel, wenn man müde oder abgelenkt ist. Will man aber die Strahlen oder Wellen einer wechselseitigen Beziehung auslösen, muß man sich auf diese Aufgabe konzentrieren. Stanislawski nennt diesen Vorgang das »Sammeln von Material für eine Wechselbeziehung«.

Der Regisseur bittet jetzt einen Schüler, ihm Gefühle nur mit den Augen zu vermitteln. Der Schüler wendet ein, daß er mit den Augen unmöglich alle Feinheiten seines Empfindens ausdrücken könne. Selbst wenn die Feinheiten verlorengehen, sagt der Regisseur, lassen sich beispielsweise Gefühle wie Sympathie oder Achtung auch schweigend übermitteln; nicht übermitteln lasse sich auf diesem Wege allerdings, daß man jemanden achtet, weil er klug, fleißig oder anständig ist. Die Übung geht weiter.

»Was will ich Ihnen jetzt übermitteln?« fragt der Schüler, während er den Regisseur unverwandt ansieht. »Weiß ich nicht, interessiert mich auch nicht«, antwortet Stanislawski. »Warum denn nicht?« fragt der Schüler verblüfft. »Weil Sie mich anglotzen«, sagt der Regisseur. »Damit der Gesamtcharakter Ihrer augenblicklichen Empfindung für mich fühlbar wird, muß seine innerste Substanz in Ihnen selbst lebendig sein.«

Der Schüler versucht es noch einmal. Aber er hat selbst das Empfinden, nur sehr undeutlich ausdrücken zu können, was er übermitteln will. Der Regisseur glaubt, den Ausdruck als Verachtung interpretieren zu müssen. Aber das hält er bei dieser Übung für unwichtig. Wichtig ist für den Schüler, ob er selber diese Ausstrahlung auch empfunden hat. »Ich glaube... in den Augen«, sagt der Schüler. »Nein«, sagt der Regisseur, »eben haben Sie nur daran gedacht, wie Sie die Strahlen aus sich ausstoßen können. Sie haben die Muskeln angespannt. Hals und Kinn waren vorgestreckt, die Augen quollen aus den Höhlen... Um den anderen mit Wünschen zu ›bestrahlen‹, bedarf es keiner Muskelarbeit. Physisch ist der von uns ausgehende Strahl kaum wahrnehmbar, während man von einer Anspannung, wie Sie sie jetzt durchmachen, einen Herzschlag bekommen kann.«

Nach weiteren Versuchen gelingt es dem Schüler schließlich doch, relativ entspannt einige erkennbare Ausstrahlungen zu senden. »Was strahle ich aus?« fragt er. »Wieder Verachtung«, antwortet Stanislawski. »Und jetzt?«

»Jetzt ist es Wohlwollen.«

»Und jetzt?«

»Das war auch ein wohlwollendes Gefühl, aber mit einem Schuß Ironie.«

»Beinah richtig«, freut sich der Schüler.

Der »Strahlenempfang«

Nachdem der Vorgang der Strahlenaussendung mehrmals geprobt worden ist, lernen die Schauspielschüler auch den entgegengesetzten Vorgang: das In-sich-Aufnehmen fremder Gefühle, den »Strahlenempfang«. Die nebeneinandersitzenden Partner tauschen die Rollen, und der bisherige Sender wird nun zum Empfänger. Ein Schüler definiert diese Übung, indem er sie mit einem Magneten vergleicht, der Eisen anzieht.

Dieser Vergleich ist sicher treffend, auch und gerade wenn man ihn auf die unsichtbare, aber deutlich spürbare Wirkung eines guten Schauspielers vor Publikum anwendet. »Wenn man mit Hilfe irgendeines Apparates diesen Vorgang der Strahlensendung sehen könnte, wie er an schöpferischen Höhepunkten zwischen Bühne und Parkett vor sich geht, so würden wir staunen«, meint Stanislawski, »daß unsere Nerven einen so starken, intensiven Strom aushalten, wie wir ihn in den Zuschauerraum senden und von den tausend lebendigen Organismen dort zurückempfangen! Daß unsere Substanz ausreicht, einen riesigen Raum... mit unserer Ausstrahlung zu erfüllen! Unfaßbar! Der arme Schauspieler! Um Gewalt über die Zuschauer zu bekommen, muß er sie mit den unsichtbaren Wellen seines eigenen Gefühls oder Willens ausfüllen!«

Da der Vorgang der Strahlensendung für die szenische Wechselbeziehung so bedeutungsvoll ist, stellte sich Stanislawski die Frage, ob es nicht technische Mittel gebe, um diese Strahlungen je nach Wunsch bewußt in sich auslösen zu können und dadurch das Erleben selbst zu steigern. Wenn man nicht von innen nach außen gehen kann, geht man vom Äußeren zum Inneren, überlegte er sich. Dabei nutzte er die Vorstellung der organischen Einheit von Körper und Geist. Diese Verbundenheit, so erklärte er seinen Schülern, sei so stark, daß sie bereits Gestorbene wieder ins Leben zurückrufen könne. Einen eben Ertrunkenen, der schon kein Lebenszeichen mehr von sich gebe, könne man durch bestimmte Bewegungen, die die Atmungsorgane mechanisch Luft einziehen und ausstoßen lassen, wieder zum Leben erwecken: Wenn der Blutkreislauf erst einmal in Gang gebracht sei, würden auch alle Körperteile sich wieder wie gewohnt bewegen, und durch die unlösbare Verbindung mit dem Körper lebe auch der Geist wieder auf.

Genau dieses Prinzip wandte Stanislawski auch für die Bühnenkunst an. Die künstliche Auslösung der Strahlensendung auf der Bühne war für ihn eine Hilfe von außen, ein »Lockmittel«, wie er es nannte, das zuerst die Strahlung und dann das Erleben selbst hervorrief. Dieses neue Lockmittel ließ sich technisch erarbeiten.

Der Regisseur setzte sich einem Schauspieler gegenüber und ließ ihn sich eine Aufgabe ausdenken. Diese mußte er begründen und dann zu dem Material eine Wechselbeziehung aufnehmen. Er durfte dazu Worte, Mimik und Gesten zu Hilfe nehmen und sollte dabei genau auf die körperliche Empfindung der aus- und einströmenden Strahlen achten. Nachdem diese Übung gelungen war, mußten Worte und Gesten unterbleiben; der Schauspieler sollte nur noch mit den Strahlungen auskommen. Diese stumme Übung war so anstrengend, daß der Akteur sich anschließend vorkam »wie eine Pumpe, die nur Luft aus einem leeren Brunnen herauspumpt«.

»Wie Sie sehen, ist es keineswegs einfach, Strahlensendung und Strahlenempfang auf der Bühne auf technischem Wege durchzuführen, wenn sie nicht von selbst, intuitiv, entstehen, so wie es im Leben auch der Fall ist«, sagte der Regisseur zu diesen Versuchen. Wenn man ein Aquarium mit Hilfe eines Gummischlauches entleeren wolle, müsse man nur ein einziges Mal die Luft ansaugen, dann fließe das Wasser von selber ab. So sei es auch bei der Ausstrahlung: Man müsse einen Anstoß geben – mit Hilfe eines Lockmittels ein Gefühl in sich auslösen –, sozusagen ein Ventil für die Strahlenwirkung öffnen, dann würde das Gefühl von selbst aus dem Inneren hervorströmen und sich auf andere Menschen übertragen.

Wo »sitzt« die Intuition?

Lange Zeit herrschte unter Hirnforschern die Ansicht, daß eine der beiden Hälften des Großhirns – bei Rechtshändern im allgemeinen die linke Hemisphäre – die dominierende sei und das gesamte Verhalten eines Menschen bestimme. Während die rechte Hemisphäre als nahezu unbedeutend eingestuft wurde, schrieb man der linken Hirnhälfte alle höheren Funktionen, vor allem die sprachliche Ausdrucksfähigkeit, zu.

Ein wichtiger Vertreter der Dominanz-Theorie war John Hughlings Jackson, der allerdings gleichzeitig davor warnte, in der dominierenden Hirnhälfte bereits sämtliche geistigen Funktionen zu vermuten. Denn wenn sich, so schrieb er 1865, durch weitere Erfahrung zeigen sollte, »daß die Fähigkeit des Ausdrucks in einer Hemisphäre lokalisiert ist, wäre es durchaus nicht absurd, die Frage zu stellen, ob nicht die Wahrnehmung – das entsprechende Gegenstück – in der anderen angesiedelt sein könnte«.

Einige Jahre später stellte Jackson bei einem Patienten mit einem Tumor in der rechten Hemisphäre fest, daß der Mann Schwierigkeiten hatte, Gegenstände, Personen und Örtlichkeiten zu erkennen. Nach genaueren Untersuchungen kam Jackson zu der Auffassung, daß der hintere Bereich des Gehirns für visuelle Vorstellungen und bildliches Denken verantwortlich sei und daß dabei »der rechte Hinterhauptslappen die führende Seite wäre, die linke die automatische«. Obgleich auch manche Berichte anderer Forscher in diese Richtung gingen, wurden sie weitgehend ignoriert, weil die meisten Forscher damit beschäftigt waren, verschiedenste Funktionen in der linken Hemisphäre anzusiedeln. Nachdem sich allmählich aber immer weitere Indizien dafür fanden, daß auch die rechte Hirnhälfte spezielle Funktionen habe, begann man diese Hemisphäre ernster zu nehmen.

Gegenseitige Beobachtung der Hirnhälften

Es habe »einen großen, denkbaren Sinn«, schrieb im Jahre 1916 der deutsche Arzt und Schriftsteller Carl Ludwig Schleich in seinem Buch über das ›Schaltwerk der Gedanken‹, »daß das Gehirn zwei miteinander durch breite Kabel verbundene Hälften besitzt«. Wenn die großen Theoretiker der Frage ›Was ist Wahrnehmen und Erkennen?‹ dies gewußt oder vermutet hätten, wären sie leichter in der Lage gewesen, die Elemente des Erkennens und der inneren Selbstbeobachtung zu formulieren.

Für Schleich war es sicher, daß »eine Hälfte des Gehirns die andere in jedem Momente beobachten kann und begleitet in allen Phasen ihrer gegenseitigen Arbeit«. Alles, was in der linken Hirnhälfte an Wahrnehmungen stattfindet, erzeugt nach Schleichs Auffassung eine ergänzende, wenn auch funktionell verschiedene Parallelbewegung in der rechten Hemisphäre.

Während man zum Beispiel ein Stück Eis berührt, und dabei nun alle Empfindungen von kalt, glatt, schmelzend oder naß auf der linken Seite des Gehirns registriert werden, bildet sich auf der anderen Seite, »aus dem Schatze der Phantasie und der Erinnerung«, eine Art Hof, ein Regenbogenkreis, »ein fransenartiges Drumherum um diesen Herd der Augenblicksreize, der mit Hilfe der blitzartigen Durchströmung von lauter Ähnlichkeiten und Unterschieden in der anderen Hälfte die Gegenwart, die reelle Wahrnehmung zwingend verknüpft mit allen erinnerten Gewißheiten der Vergangenheit und allen Möglichkeiten der Zukunft. Links ist der Kontakt, das Konkrete, das Reelle, das Gewisse, rechts zugleich mitschwingend, wie die Stimme aller Obertöne, das Abstrahierte, die Reflexion, der Vergleich, die Analogie.«

Aus der Wahrnehmung auf einer Seite und der gleichzeitig einsetzenden, vielfältigen Reflexion auf der anderen entstehe dann, so Schleich, der Begriff.

Daß eine solche ständige Beziehung zwischen den beiden Hemisphären existiert, belegte Schleich mit der Entdeckung eines seiner Kollegen, Georg Oelsner. Oelsner operierte bei einem Patienten einen Hirnabszeß auf der rechten Hirnhälfte, also auf der Seite, die nicht das Sprechzentrum (die sogenannte Broca'sche Windung) enthält. Der Patient hatte, obgleich seine linke Hirnhälfte völlig intakt war, eine »aphasische Amnesie«, das heißt, er hatte alle Worte vergessen oder konnte sie zumindest nicht aussprechen, auch wenn er Gegenstände und Personen durchaus erkennen konnte.

Sobald der Arzt den sehr tief sitzenden Abszeß entleert hatte, konnte der Patient wieder sprechen. Schleich schloß daraus, daß der tief im Gehirn drückende Abszeß die vermutete Kabelleitung im Hirnbalken zwischen links und rechts abgedrückt und damit den ungehinderten Kontakt zwischen beiden Hirnhälften unterbrochen habe. Nachdem durch die Entleerung des Abszesses der Druck aufgehoben wurde, konnten beide Hemisphären wieder wie gewohnt zusammenarbeiten: Die linke Hälfte nimmt ein Objekt wahr, der Strom geht durch das breite Hirnkabel nach rechts hinüber, erzeugt dort die Assoziationen, Möglichkeiten, Kategorien, Vergleiche und fließt wieder in die linke Hälfte zurück, zum Sprachzentrum, wo aus dem Gedachten das Wort entsteht. Da dies alles in Form eines Kreisschlusses geschieht, war bei Oelsners Patienten durch den Abszeß der Rückstrom zur Sprache unterbrochen und der Mann infolgedessen unfähig, sich in Worten zu artikulieren.

Das gegenseitige Beobachten der Hirnhälften glaubte Schleich auch mit den sprichwörtlichen »zwei Seelen« in einer Brust belegen zu können. Das ständige Pro und Contra vor Entscheidungen, die gedoppelte Persönlichkeit, das gespaltene Ich, das gleichzeitige Auftreten von Faust und Mephisto in einer einzigen Person scheint deutlich darauf hinzuweisen, daß die beiden Hirnhälften miteinander ununterbrochen in regem Austausch stehen und daß dabei jede auf ihre Weise tätig wird.

Als den zwingendsten Beweis für diese Annahme nennt Schleich »die Spaltung des Ichs« bei großem physischem oder psychischem Schmerz. »Ich selbst habe es oft ganz deutlich gespürt«, schreibt er, »wie dann, etwa im Gallensteinanfall, einer ist, der leidet und einer, der ganz kalt registriert, was da

147

geschieht, den der Schmerz fast ohne Mitleid gar nichts angeht und der noch im Augenblick des Todes ganz kalt und klar beobachten wird, wie eine Fliege über die Bettdecke spaziert oder mein Strumpf vom Stuhl gefallen ist.«

Spiel der Phantasie

Daß im Gehirn immer zwei Funktionen parallel miteinandergehen, nämlich die einfache Sinneswahrnehmung und die auf diese bezogenen Reflexionen, gab Schleich den Anstoß, über ein Phänomen nachzudenken, das eng mit der Intuition verbunden ist: die Phantasie. Phantasie ist für Schleich eine »vorgestellte, unwirkliche, aber gedachte Betastung« der äußeren Realität. Das Reale wird wahrgenommen auf den Nervenbahnen, die von der Peripherie zum Zentrum leiten. Im Unterschied zu den Tieren hat der Mensch die Fähigkeit ausgebildet, sich willentlich und beliebig wiederholbar etwas vorstellen zu können. Er kann frühere Erfahrungen wieder in sich zurückrufen, sie auf jede denkbare Weise variieren und sogar viele künftige Wahrnehmungen vorwegnehmen. Diese Tatsache erklärt Schleich mit der Fähigkeit des Menschen, den Nervenstrom umzulenken, »ihn von rückwärts, von den Ganglien zu den Sinnesbahnen spielen zu lassen, gleichsam von den Saiten zu den Tasten«.

Daß ein Nerv an sich vor- und rückwärts leitet, war schon im letzten Jahrhundert bekannt. Diese Gegebenheit kann der Mensch für sich nutzen, um Dinge, die er real wahrgenommen hat, jederzeit nach Belieben wieder hervorzurufen. Aber nicht nur Dinge, sondern auch Menschen kann er auf diese Weise mit seiner Phantasie umspielen. Er kann eine Vielzahl seiner bewußten und unbewußten Erfahrungen blitzartig miteinander in Verbindung bringen, Gesichter, Bewegungen, Verhaltensweisen miteinander vergleichen, Töne hören und Gerüche wahrnehmen und sich in kürzester Zeit von einem bisher unbekannten Menschen ein Bild machen – seine Intuition hält alle Daten dazu bereit.

Psychologische Hirnhälften-Tests

Bedeutsam für die Hirnforschung war auch die Entdeckung, daß Patienten mit Schädigungen der linken oder der rechten Hirnhälfte bei psychologischen Tests auffällige Unterschiede zeigten. Ursprünglich waren die Tests entwickelt worden, um bei gesunden Personen deren sprachliche Fähigkeiten zu untersuchen, ihre Wahrnehmung räumlicher Zusammenhänge festzustellen und ihre Fertigkeiten beim Umgang mit unterschiedlichen Objekten und Mustern zu vergleichen. Bei solchen Testexperimenten wurden auch die Auswirkungen von Hirnschäden studiert. Die Versuche zeigten, daß offenbar wirklich jede Hirnhälfte ganz bestimmte Funktionen hat und ihr Ausfall entsprechende Konsequenzen haben kann: Eine Schädigung der linken Hemisphäre führte zu schlechteren Leistungen bei denjenigen Tests, mit denen die verbalen Fähigkeiten untersucht werden sollten. Wenn dagegen die rechte Hemisphäre geschädigt war, schnitten die betreffenden Patienten bei solchen Tests schlechter ab, bei denen es nicht um verbale Fragen, sondern um Formen, Entfernungen und räumliche Zusammenhänge ging, so zum Beispiel um das Zusammenlegen von Puzzles oder das Ergänzen fehlender Teile in einem Muster oder einer Figur.

Bei der direkten Beobachtung von Patienten, deren rechte Hemisphäre geschädigt war, konnte man außerdem feststellen, daß diese Personen große Schwierigkeiten hatten, sich in ihrer Umgebung zu orientieren. Manche von ihnen fanden sich nicht einmal in einem Haus zurecht, in dem sie jahrelang gelebt hatten. Andere wiederum hatten Mühe mit einer Hälfte ihrer räumlichen Umgebung. Sie nahmen beispielsweise Gegenstände, die sich links von ihnen befanden, oder Ereignisse, die links von ihnen stattfanden, nicht wahr.

Weitere Versuche ergaben, daß Patienten mit einer Schädigung der rechten Hemisphäre oft Schwierigkeiten haben, Tiefen und Entfernungen einigermaßen richtig einzuschätzen. Solche *Agnosien* – so nennt man Beeinträchtigungen im Erkennen und Interpretieren von visuellen Informationen, die einem eigentlich bekannt sein müßten – können sogar vertraute Gesichter betreffen, die man, wenn man eine solche Hirnschädigung hat, auf einmal nicht wiedererkennt.

Aber nicht nur die optischen Fähigkeiten können von einer Schädigung der rechten Hemisphäre in Mitleidenschaft gezogen werden. Auch die Musikalität kann durch eine solche Schädigung beeinträchtigt werden. So ist zum Beispiel bei Berufsmusikern, die einen Schlaganfall oder einen andersartigen Hirnschaden erlitten hatten, ein plötzliches Versagen ihrer musikalischen Fähigkeiten festgestellt worden, ohne daß dabei in jedem Fall auch das Sprachvermögen gestört worden wäre.

Umstrittene Rolle der rechten Hirnhälfte

Daß Hirnforscher bis vor wenigen Jahrzehnten der Ansicht gewesen waren, die rechte Hemisphäre könne größere Schädigungen überstehen, ohne daß dies auf den Menschen einen gravierenden Einfluß hätte, kam vermutlich daher, daß bereits kleine Schädigungen in bestimmten Bereichen der linken Hirnhälfte schon zu ernsthaften Sprachstörungen führten, während dies bei vergleichbaren Schäden der rechten Hirnhälfte nicht beobachtet wurde. Dies erklärt, warum man lange Zeit glaubte, daß die rechte Hemisphäre für das menschliche Verhalten überhaupt wenig Bedeutung habe.

Bestärkt in dieser Auffassung sahen sich Hirnforscher sicher auch dadurch, daß nach einer Schädigung der rechten Hemisphäre die Veränderungen bei dem betreffenden Patienten manchmal kaum erkennbar sind oder ganz unentdeckt bleiben. Dies um so mehr, als beispielsweise nach einem Schlaganfall die äußerlich sichtbaren, körperlichen Folgen weit mehr ins Auge fallen als die vielleicht vorhandenen inneren Veränderungen. Die Lähmungserscheinungen bedeuten eine solche Beeinträchtigung für den Patienten, daß alle anderen Folgen meist in den Hintergrund treten.

Wenn auch neuere Tests und Untersuchungen an hirngeschädigten Patienten gezeigt hatten, daß die rechte Hemisphäre wider Erwarten eine wichtige Bedeutung für das Verhalten eines Menschen hat, war damit noch nicht klar, wie die Beziehung zwischen beiden Hirnhälften verläuft und ob jede Hirnhälfte tatsächlich festumrissene Funktionen hat, die nicht auch von der anderen ausgeübt werden könnten. Vor allem war noch nicht die Frage beantwortet, die in unserem Zusammenhang besonders interessant ist: Wo ist der »Sitz« der Intuition? Daß sie ausschließlich in der rechten Hirnhälfte lokalisiert sei, wie in populärwissenschaftlichen Berichten oft behauptet worden ist, scheint nach neueren Forschungen nicht gesichert zu sein.

»Lineare« und »ganzheitliche« Aktivität

Sicher ist nach Erkenntnissen der Fachleute augenblicklich nur, daß die linke Hirnhälfte vorwiegend für sprachlichen Ausdruck, für das Erfassen von Wortbedeutungen, für sprachliche Regeln und Kategorien zuständig ist. Auch deutet einiges darauf hin, daß die Tätigkeit der linken Hemisphäre mit Begriffen wie »nacheinander« und »linear« zu verknüpften ist, während die Aktivitäten der rechten Hälfte eher mit »gleichzeitig« und »ganzheitlich« gekennzeichnet werden. Die rechte Hemisphäre tritt vorwiegend bei räumlichen Vorstellungen in Aktion, etwa dann, wenn man sich in einer unbekannten Gegend orientieren oder in einem Labyrinth zurechtfinden muß. Außerdem scheint die rechte Hirnhälfte für Gefühle empfänglicher zu sein und verhilft dazu, sie auszudrücken oder bei anderen wahrzunehmen.

Diese beweisbaren Zuordnungen sowie die Tatsache, daß die rechte Hirnhälfte Gesichter besser unterscheiden kann als die linke Hemisphäre, legt natürlich die Vermutung nahe, daß die rechte Hirnhälfte zumindest in besonderem Maß mit dem zu tun hat, was wir als Intuition bezeichnen. Die rechte Hirnhälfte als »Sitz« der Intuition anzusehen, ist aber nach Meinung bekannter Hirnforscher eine unzulässige Vereinfachung. Denn an vielen inneren Arbeitsprozessen, die einer plötzlichen Erkenntnis vorausgehen, ist die linke, »logische« Hirnhälfte zweifellos mitbeteiligt.

Bei der Erforschung der Hirntätigkeit hat man versucht, mit verschiedenen Methoden das Verhalten jeder der beiden Hirnhälften isoliert zu betrachten und auf diese Weise herauszufinden, welche Hemisphäre bei bestimmten Tätigkeiten jeweils dominiert. Man hat sprachliche und räumliche Tests angewandt, man hat die Augenbewegungen oder die Kopfhaltung bei bestimmten Aufgaben beobachtet, und man hat mit Hilfe von Elektroenzephalogrammen aufgezeichnet, welche Teile des Gehirns bei welchen Tätigkeiten aktiv sind.

Nach vielen dieser Untersuchungen hat sich aber leider herausgestellt, daß sie, wenn sie wiederholt werden, oft nicht mehr die gleichen Ergebnisse zeitigen wie beim ersten Mal. Das deutet darauf hin, daß die Tests bei weitem noch nicht differenziert genug sind, um die komplizierte Hirntätigkeit in allen Einzelheiten erkennen zu können. Außerdem sind Experimente im Labor nicht mit den Erfahrungen im alltäglichen Leben gleichzusetzen.

Um die Funktionsweise der Intuition zu erklären und den Ort im Gehirn zu entdecken, wo Informationen gespeichert werden, braucht man offenbar den wissenschaftlichen Mut, sich zeitweise, über das Belegbare hinaus, auf Vermutungen und Spekulationen einzulassen und neue Thesen aufzustellen, die man dann einer gründlichen Überprüfung unterzieht.

Suche nach Gedächtnisspuren

Mit der Frage, ob und wo bestimmte psychische oder physiologische Funktionen in speziellen Hirnregionen angesiedelt sind, beschäftigte sich seit den zwanziger Jahren der Hirnforscher Karl Lashley. Bei seinen Experimenten konzentrierte er sich vor allem auf die Gedächtnisfunktion des Gehirns. Manche Forscher haben angenommen, daß jede noch so kleine Information eine Art Gedächtnisspur im Hirn hinterließe, die klar erkennbar und lokalisierbar sein müßte. Diese vermutete Spur bezeichnete man als Engramm. Auf der Suche nach solchen Engrammen trainierte Lashley Versuchstiere, vor allem Ratten, darauf, ein Labyrinth zu durchlaufen, und zerstörte anschließend Teile ihres Gehirns.

Die Leistungen der Ratten wurden durch diesen gewaltsamen Eingriff zwar beeinträchtigt, aber das Gedächtnis der Tiere blieb dennoch weitgehend intakt. Es kam Lashley so vor, als sei es nicht wesentlich, welche Teile des Gehirns entfernt wurden, sondern wieviel Gehirnmasse überhaupt wegoperiert worden war.

Aus seinen Experimenten zog Lashley den Schluß, daß das Gedächtnis nicht auf einen bestimmten Ort im Gehirn begrenzt ist, sondern sich über eine breite Fläche verteilt. Jede Erinnerung der Ratten ist offenbar in jedem Teil ihrer Großhirnrinde gespeichert, und wie intensiv die Erinnerung ist, hängt von der gesamten Anzahl der funktionsfähigen Großhirnrindenzellen ab. »Es ist unmöglich, irgendwo im Nervensystem eine isolierte Gedächtnisspur nachzuweisen«, schrieb Lashley zu diesen Versuchen. »Bestimmte Regionen mögen für das Lernen oder Beibehalten spezieller Aktivitäten wesentlich sein, doch sind die Teile innerhalb einer solchen Region funktionell gleichwertig.« Ein Engramm bestehe möglicherweise, so vermutete der Forscher, aus einem weitreichenden Assoziationssystem von Hunderttausenden oder Millionen von Nervenzellen.

Zusammenarbeit der Hirnhälften

Lashleys These läßt sich allerdings inzwischen nicht mehr aufrechterhalten. Das menschliche Gehirn ist unendlich komplexer als ein elektrisches Relais-System aus Milliarden von Zellen und chemischen Stoffen. Die ungeheure Menge von Informationseinheiten, die das Hirn speichern und mit blitzartiger Geschwindigkeit in unterschiedlicher Weise zusammensetzen kann, so daß plötzlich eine »Intuition« entsteht, läßt auf eine Kapazität schließen, die selbst der denkbar komplizierteste Computer nie auch nur annähernd erreichen könnte.

153

Die Gehirnforschung, die von der Annahme ausgegangen war, man könne den Verstand begreifen, wenn man erst einmal herausfände, welche Teile des Hirns welche Funktionen wahrnehmen, hat umdenken müssen. So wichtig die Erkenntnis war, daß die beiden Hirnhälften unterschiedliche Aufgaben erfüllen und bestimmte Bereiche aller Wahrscheinlichkeit nach auf bestimmte Funktionen spezialisiert sind, so wichtig ist auch die Einsicht, daß die funktionalen Unterschiede beider Hemisphären nicht so starr sind, wie oft behauptet wird. »Beim normalen Menschen befinden sich die Hemisphären in ständiger aktiver Integration und enger Zusammenarbeit«, erklärt der amerikanische Forscher Jerre Levy und bestätigt damit unausgesprochen die Erkenntnisse des deutschen Mediziners Carl Ludwig Schleich aus dem Jahre 1916. »Fast nichts, was ein normaler Mensch tun könnte, hängt nur von einer Hirnhälfte ab. Würde man eine ganz einfache Aufgabe stellen, die sich immer wiederholt, monoton, dann könnte ein normales Gehirn sie vielleicht asymmetrisch verarbeiten. In dem Augenblick jedoch, in dem man den Schwierigkeitsgrad der Aufgabe steigert, würde das eine Beteiligung beider Hirnhälften in Gang setzen.«

Das menschliche Hirn ist weder einfach eine kleine Fabrik, in der ganz mechanisch eine Menge verschiedener Arbeitsgänge erledigt werden, noch ist es eine komplizierte Apparatur mit spezialisierten Teilbereichen.

Was aber ist es dann? Wie nimmt es Informationen auf, und auf welche Weise verarbeitet es sie? Wie verteilt sich das Gedächtnis über das Hirn? Und wie erklärt sich Intuition?

Gabors Hologramm-Theorie...

Eine der interessantesten Arbeitshypothesen über die Funktionsweise des Gehirns ist die sogenannte holographische Theorie des Neuropsychologen Karl Pribram. Auch diese Theorie ist, wie viele andere, durch eine wissenschaftliche Intuition zustandegekommen: Auf der Suche nach einem wissenschaftlichen Schlüssel für die rätselhafte Tätigkeit des Gehirns kam Pribram auf die Idee, das Gehirn in Beziehung zum Hologramm zu bringen.

Ein Hologramm ist ein Bild, in dem das Ganze in jedem seiner Teile erkennbar ist, so wie sich die genetischen Informationen für den gesamten Körper in jeder Körperzelle verschlüsselt wiederfinden. Die Hologrammtheorie wurde in den vierziger Jahren von dem Physiker Dennis Gabor entwickelt, als er versuchte, die Qualität der elektronenmikroskopischen Fotografie zu verbessern. Gabor erfand dabei ein Verfahren, bei dem durch die Interaktion zwischen Lichtwellen und einer fotografischen Platte dreidimensionale Bilder entstehen.

Um das Hologramm-System anschaulich zu machen, stellt man sich vor, daß jemand drei Kieselsteine in einen Teich wirft. Die drei kreisförmigen Wellen, die dabei ausgelöst werden, breiten sich gleichmäßig nach allen Seiten hin aus und wirken aufeinander ein. Wenn kleine Wellenberge oder Wellentäler aufeinandertreffen, verstärken sie sich; diesen Vorgang bezeichnet man als konstruktive Interferenz. Eine destruktive Interferenz entsteht dagegen, wenn Wellenberge auf Wellentäler treffen und sich dabei gegenseitig abschwächen. Alle Interferenzen zusammen bilden ein sogenanntes Interferenzmuster, in dem alles festgehalten ist, was seit der Berührung des ersten Kieselsteins mit der Wasseroberfläche geschehen war. Wenn man also beispielsweise das Wasser ganz plötzlich gefrieren lassen könnte, ließe sich die Herkunft und der Verlauf jeder einzelnen kleinen Welle genau zurückverfolgen. Und würde man dann die Eisfläche auseinanderbrechen und jedes Bruchstück analysieren, so könnte man das genaue Muster der Wellen rekonstruieren. In jedem Teil des Interferenzmusters stecken alle Informationen, die man für die Rekonstruktion des Ganzen benötigt.

Gabors Vorschlag, ein Hologramm mit Lichtwellen zu erzeugen, konnte erst nach Erfindung des Lasers, zwanzig Jahre später, tatsächlich praktiziert werden. Laserstrahlen breiten sich ohne Ablenkung in kohärenten (zusammenhängenden) Wellen aus, im Gegensatz zu denen einer normalen Glühbirne. Um ein Hologramm zu erzeugen, wird der Laserstrahl in zwei Teile gespalten. Der eine Teil wird direkt auf eine fotografische Platte gerichtet. Der andere Teil des Laserlichts wird auf einen dreidimensionalen Gegenstand abgelenkt, der fotografiert werden soll. Von diesem Gegenstand aus wird das Licht auf die fotografische Platte reflektiert. Zusammen mit dem Laserlicht, das direkt auf die Platte gerichtet wurde, bildet das reflektierte Licht nun ein Interferenzmuster auf der fotografischen Platte. Wird dies Muster vom Laser bestrahlt, so entsteht eine Wellenfront, und im leeren Raum erscheint ein dreidimensionales Bild des Gegenstandes.

...und Pribrams Folgerung

Mit seiner holographischen Theorie drückt Karl Pribram seine Überzeugung aus, daß das Gehirn die von außen in Wellen ankommenden Informationen aufnimmt und sie etwa auf die gleiche Weise speichert, wie dies eine fotografische Platte mit einem holographischen Bild tut. Wenn man den Winkel der Platte und die Frequenz des Laserstrahls verändert, lassen sich Tausende von Bildern aufzeichnen und danach als Hologramme wieder neu erzeugen.

Bei seinen Forschungen, Anfang der fünfziger Jahre, erkannte Karl Pribram, daß sich Hologramme in beinahe unendlicher Zahl schichten lassen, ohne daß dabei auch nur ein winziges Teilchen an Information verlorengeht. Wenn man also aufeinanderfolgende holographische Bilder auf einer einzigen fotografischen Platte übereinander schichten würde, wären damit auf kleinstem Raum Milliarden von Informations-Bits gespeichert. Vielleicht, so spekulierte Pribram, arbeitet das Gehirn, mit seiner ungeheuren Kapazität zur Aufnahme und Speicherung von Informationen, ähnlich wie ein Hologramm. Möglicherweise funktioniert unsere Aufmerksamkeit wie der Laserstrahl, der das holographische Bild erzeugt, wenn er auf das Interferenzmuster gerichtet wird. Man könnte sich vorstellen, daß dann im Geist ein Bild oder eine Idee neu entsteht, die dadurch zustandekommt, daß gespeicherte Interferenzmuster, zwischen denen kein erkennbarer Zusammenhang besteht, ganz neu miteinander verbunden werden. Wenn das Gehirn tatsächlich ähnlich arbeitet wie ein Hologramm, indem es Informationen so speichert, daß jede winzige Einheit in jedem seiner Teile verschlüsselt ist, dann würde dies auch Licht auf die Gedächtnis- und Assoziationsvorgänge werfen und zum Beispiel das blitzartige Zustandekommen einer Intuition erklären.

Wenn die Hologramm-Theorie zutreffen sollte, dann, so meint Pribram, brauchten wir lediglich einige wenige Regeln zu speichern anstelle ungeheurer Mengen von Details.

Ein Netzwerk von Wechselbeziehungen

Das holographische Modell bietet ein anschauliches Bild dafür, wie die Intuition sich möglicherweise ihre Informationen verschafft. Jeder individuelle Geist hätte demnach einen Zugang zum gesamten universalen Muster. Auf diese Weise könnten sich auch Erscheinungen wie Hellsehen und Telepathie erklären lassen, die ja nicht mehr von Elementarteilchen oder Energieformen abhängig wären, die Raum und Zeit durchqueren müssen.

Was sagt die moderne Physik zu dieser These? Entsprechend der Quanten- und der Relativitätstheorie besteht die Welt in Wirklichkeit nicht aus einer großen Menge vielfältiger und voneinander getrennter Formen und Strukturen, wie wir sie uns im allgemeinen vorstellen. Vielmehr wird die Materie als eine Art Gewebe aus innerlich zusammenhängenden Energieströmen betrachtet. »Die subatomaren Teilchen«, schreibt Fritjof Capra in seinem Buch ›Das Tao der Physik‹, »sind dynamische Strukturen, die nicht als isolierte Einheiten existieren, sondern als integrierte Teile eines unauflöslichen Netzwerks von Wechselbeziehungen. Diese Wechselwirkungen stellen einen unaufhörlichen Fluß von Energie dar, die sich als Austausch von Teilchen manifestiert.« Die Wechselwirkungen lassen die stabilen Strukturen entstehen, die die materielle Welt aufbauen. Diese Strukturen bleiben ihrerseits aber ebenfalls nicht in einem Ruhezustand, sondern befinden sich ständig in rhythmischer Bewegung. Das ganze Universum bewegt sich also, laut Capra, in einem dauernden »kosmischen Tanz von Energie«.

Wenn die gesamte Materie nun auf irgendeine Art verbunden ist, so läßt sich der Schluß ziehen, daß auch das menschliche Gehirn, vielleicht sogar das menschliche Bewußtsein, gleichfalls an dieser Verbindung teilnimmt. Westliche Wissenschaftler sind gegenüber einer solchen Folgerung meist sehr zurückhaltend. Im östlichen Denken dagegen gilt als selbstverständlich, daß der menschliche Geist mit der materiellen Wirklichkeit untrennbar verknüpft ist.

Aber auch die Tatsache, daß beispielsweise Elektronen gleichzeitig an mehreren Orten auftreten oder sich, wenn sie ein Hindernis zu überwinden haben, kurzfristig in eine Art Vakuumzustand auflösen können und anschließend wieder ihre vorherige Form annehmen, deutet eigentlich darauf hin, daß derartige Überlegungen nicht ganz von der Hand zu weisen sind.

Bells Theorem

Das vielleicht merkwürdigste Beispiel in dieser Hinsicht ist der sogenannte ›EPR-Effekt‹, der nach Einstein und seinen Kollegen Podolsky und Rosen benannt worden ist. Bei diesem Effekt handelt es sich darum, daß zwei Elementarteilchen, die einmal zueinander in Wechselbeziehung gestanden haben, im selben Moment auf Veränderungen in einem der beiden Partikel reagieren, selbst wenn sie in Raum und Zeit Lichtjahre voneinander entfernt sind. Dieser Effekt ist inzwischen von John S. Bell experimentell bestätigt worden und als ›Bells Theorem‹ bekannt.

Solche und ähnliche, vorläufig noch nicht völlig geklärte Phänomene lösen natürlich, nicht nur bei Physikern, sondern auch bei Metaphysikern, lebhafte Diskussionen und Spekulationen aus, die auch für das Entstehen der Intuition bedeutsam sind. Wenn zwei Elementarteilchen, trotz riesiger Entfernung voneinander, dennoch deutlich aufeinander bezogen reagieren, müssen sie nach menschlichem Ermessen auf irgendeine Weise miteinander verbunden sein. In einem holographischen Universum wäre das denkbar, wenn nämlich die gesamte Vielfalt der Realität ein ungeteiltes Ganzes darstellt, für das Raum und Zeit keine Hindernisse bilden. Das menschliche Bewußtsein, als Teil dieses vernetzten Gewebes, würde sich dann, freiwillig oder zwangsläufig, in diesem »kosmischen Tanz der Energie« rhythmisch mitbewegen – ebenso wie das Nichtbewußte, und damit auch die Intuition, die ja ebenfalls mit diesem Energiestromkreis verbunden wäre.

C. G. Jungs Begriff des Unbewußten

Daß bestimmte nichtbewußte Schichten des menschlichen Geistes einen direkten Kontakt zu universalen Bereichen unterhalten, davon war vor allem Carl Gustav Jung überzeugt. Anders als Sigmund Freud, der das Unbewußte eher als eine »Schutthalde der Vergangenheit« betrachtete, war für Jung das Unbewußte nicht nur ein Sammelplatz von vergessenen oder verdrängten Bewußtseinsinhalten, sondern auch ein Ausgangspunkt für künftige Vorstellungen und Handlungen. Das Unbewußte galt Jung als eine selbständige Realität, die in einem kompensatorischen Verhältnis zum Bewußtsein steht.

Jung, dessen Intuitionsbegriff schon behandelt worden ist, unterschied zwei Formen des Unbewußten: ein persönliches und ein kollektives. »Eine gewissermaßen oberflächliche Schicht des Unbewußten ist zweifellos persönlich«, erklärte er hierzu. »Wir nennen sie das *persönliche Unbewußte*. Dieses ruht aber auf einer tieferen Schicht, welche nicht mehr persönlicher Erfahrung oder Erwerbung entstammt, sondern angeboren ist. Diese tiefere Schicht ist das sogenannte *kollektive Unbewußte*. Ich habe den Ausdruck ›kollektiv‹ gewählt, weil dieses Unbewußte nicht individueller, sondern *allgemeiner* Natur ist, das heißt, es hat im Gegensatz zur persönlichen Psyche Inhalte und Verhaltensweisen, welche überall und in allen Individuen cum grano salis dieselben sind. Es ist, mit anderen Worten, in allen Menschen sich selbst identisch und bildet damit eine in jedermann vorhandene, allgemeine seelische Grundlage überpersönlicher Natur.«

Diese überpersönliche seelische Grundlage, das ist in unserem Zusammenhang von Bedeutung, enthält nach Jungs Auffassung die sogenannten ›Archetypen‹ – »Urbilder« und universale Denkformen, die jedem Menschen vertraut sind. Diese Bilder sind nicht in dem Sinne ererbt, daß man sich ihrer bewußt erinnert; es scheint sich dabei vielmehr um eine angeborene Disposition zu handeln, um eine vorgeprägte Möglichkeit, auf die Welt zu reagieren.

Archetypen sind nach Jungs Erfahrung immer kollektiv, zumindest sind sie ganzen Völkern oder Zeiten gemeinsam. Es handelt sich dabei vorwiegend um Motive, die wir aus der Mythologie kennen. Daß sich diese Motive bei allen Völkern finden, belegt Jung mit zahlreichen Beispielen. So konnte er beispielsweise Motive, die ihm aus der griechischen Mythologie geläufig waren, in den Träumen und Phantasien farbiger Nordamerikaner nachweisen.

Das Zustandekommen solcher Urbilder erklärt sich Jung durch die »Verdichtung unzähliger, einander ähnlicher Vorgänge«, also einen Niederschlag oder Abdruck von gewissen, immer wiederkehrenden seelischen Erlebnissen. Darum sei ein solches Urbild als mythologisches Motiv auch ein stets wirksamer und häufig auftretender Ausdruck, der ein bestimmtes seelisches Erleben entweder wachrufe oder in passender Weise formuliere.

Sheldrakes »formatives Kausalprinzip«

Ob ein Netzwerk von Wechselbeziehungen unterstellt, eine »participation mystique« empfunden oder ein kollektives Unbewußtes angenommen wird – alle diese Vermutungen deuten darauf hin, daß Forscher ganz unterschiedlicher Disziplinen in die gleiche Richtung gehen: Sie bemühen sich um den Nachweis, daß der menschliche Geist (und mit ihm die intuitive Fähigkeit) sich einer Informationsquelle bedient, die

160

über die Sinneswahrnehmungen, die Gedächtniskapazität und auch über zeitliche und räumliche Grenzen hinausgeht.

Dies hat auf seinem Fachgebiet auch der britische Biologe Rupert Sheldrake nachzuweisen versucht. Sheldrake glaubt, ein »formatives Kausalprinzip« entdeckt zu haben, das auch über die Fähigkeit zur Intuition neuen Aufschluß geben könnte.

In der mechanistischen Biologie, so Sheldrake, wird zwischen angeborenem und erlerntem Verhalten streng getrennt. Angeborenes Verhalten gilt als genetisch programmiert oder »kodiert«, während erlerntes Verhalten seinen Ursprung in den physikalisch-chemischen Veränderungen im Nervensystem hat. Daß das so erlernte Verhalten eines Lebewesens auf dessen Nachkommen vererbbar sei, hält man für unmöglich.

Im Gegensatz zu dieser Annahme gibt es bei Sheldrakes Hypothese des »formativen Kausalprinzips« (oder der »formbildenden Verursachung«, wie der Begriff auch übersetzt wird) keinen grundsätzlichen Unterschied zwischen angeborenem und erlerntem Verhalten. Das Verhalten aller physikalischen, chemischen und biologischen Systeme werde, so behauptet Sheldrake, durch unsichtbare Organisationsfelder reguliert, die er als »morphogenetische Felder« bezeichnet. Diese Felder durchdringen Zeit und Raum. Da sie aber weder Masse noch Energie besitzen, sind sie vorläufig noch schwer nachzuweisen. Ihre Existenz ist jedoch an ihrer Wirkung abzulesen.

Für seine aufsehenerregende Theorie, mit der sich Phänomene erklären lassen könnten, die bislang noch rätselhaft waren, führt Sheldrake unter anderem ein berühmtes Beispiel an: Das Ratten-Experiment, das der Harvard-Psychologe William McDougall im Jahre 1920 durchgeführt hatte.

McDougalls Versuchstiere waren weiße Ratten, die unter Laborbedingungen viele Generationen hindurch reinrassig gezüchtet worden waren. Die Tiere sollten nun lernen, aus einem eigens für diesen Versuchszweck konstruierten Wasserbecken herauszukommen, indem sie zu einem der beiden Durchgänge schwammen, die aus dem Wasser herausführten.

Einer der Durchgänge wurde als »falsch« deklariert; er war hell erleuchtet, der »richtige« dagegen nicht. Wenn eine Ratte versuchte, durch den als »falsch« gekennzeichneten Gang zu entkommen, bekam sie einen elektrischen Schlag. Beide Durchgänge wurden abwechselnd beleuchtet, was das Experiment für die Ratten noch schwieriger machte. Die Anzahl der Fehlentscheidungen einer Ratte, bis sie gelernt hatte, das Wasser jeweils durch den nicht beleuchteten Gang zu verlassen, galt als Maß für ihre Lerngeschwindigkeit.

»Einige Ratten brauchten bis zu 330 Versuche«, notierte McDougall zu diesem Experiment, »die ihnen etwa halb so viele elektrische Schocks eintrugen, bis sie gelernt hatten, den hell erleuchteten Durchgang zu meiden. Der Lernprozeß lief in allen Fällen auf einen plötzlich erreichten kritischen Punkt zu. Über einen längeren Zeitraum zeigte das Tier eine klar erkennbare Abneigung gegenüber dem hellen Gang; es zögerte häufig davor, wandte sich dann davon ab, oder es nahm ihn mit verzweifelter Eile. Weil es jedoch die konstante Beziehung zwischen hellem Licht und elektrischem Schock nicht erkannt hatte, wählte es den hellen Weg fast genauso oft wie den anderen. Danach kam schließlich ein Punkt im Trainigsprogramm, an dem das Tier sich beim Anblick des hellen Lichts entschieden und endgültig abwandte, den anderen Ausgang suchte und ruhig durch den dunklen Ausgang hinauslief. Nach diesem Punkt begingen die Tiere nur noch ganz selten den Fehler, den hellen Gang zu benutzen.«

Dieses Experiment wurde über 32 Ratten-Generationen fortgesetzt und dauerte bis zu seiner Beendigung fünfzehn Jahre. Dabei stellte sich die deutliche Tendenz heraus, daß Ratten aufeinanderfolgender Generationen immer schneller lernten. Dies ließ sich aus der durchschnittlichen Anzahl von Fehlversuchen ablesen, die die Ratten in den ersten acht Generationen machten, nämlich mehr als 56. In der zweiten, dritten und vierten Gruppe von je acht Generationen betrug die Anzahl der Fehlversuche dann durchschnittlich nur noch 41, 29 und 20. Dieser Unterschied zeigte sich nicht nur in den Ergebnissen der Experimente, sondern auch am gesam-

162

ten Verhalten der Ratten, die in den späteren Generationen immer vorsichtiger wurden.

McDougall war bei der Auswahl von Eltern aus jeder Generation zunächst nach dem Zufallsprinzip vorgegangen, das heißt, er hatte sich nicht etwa bewußt die schneller lernenden Tiere ausgesucht. Um aber auch diese Möglichkeit zu untersuchen, begann er ein weiteres Experiment mit einer anderen Gruppe von Ratten, deren Eltern nur nach ihrer Lerngeschwindigkeit ausgewählt wurden. In einer Testserie wurden nur die am schnellsten lernenden Tiere zur Weiterzucht benutzt, in einer anderen Serie nur die langsamsten. Wie McDougall erwartet hatte, lernten die Nachkommen der schnell lernenden Ratten auch relativ schnell, die Nachkommen der langsam lernenden dagegen ziemlich langsam. Doch selbst in dieser letzteren Serie verbesserte sich die Lerngeschwindigkeit in den späteren Generationen deutlich.

»Morphogenetische Felder«

Obgleich McDougall seine Versuche mit aller gebotenen Sorgfalt durchgeführt hatte, wiesen Kritiker auf einen Mangel der Experimenten-Reihe hin: McDougall hatte es unterlassen, auch die Veränderung der Lerngeschwindigkeit bei solchen Ratten systematisch zu messen, deren Eltern überhaupt nicht trainiert worden waren.

Dies holte der schottische Forscher F. A. E. Crew mit Ratten desselben reinrassigen Stammes nach. Er benutzte für seine Versuche ein Wasserbecken, das ähnlich konstruiert war wie McDougalls, und bezog in seine Experimente eine Reihe untrainierter Ratten mit ein. Von diesen wurden in jeder Generation einige auf ihre Lerngeschwindigkeit hin untersucht. Andere, die nicht getestet wurden, dienten als Eltern der nächsten Generation. Zu Crews Überraschung fiel es seinen Versuchstieren viel leichter, ihre Aufgabe zu lösen, als den ersten Generationen von Ratten, die McDougall getestet hatte. Eine große Anzahl Ratten, sowohl von trainierten als auch von untrainierten Stämmen, löste ihre Aufgabe sofort, ohne einen einzigen Fehlversuch. Die durchschnittliche Fehlerquote von Crews Ratten war von Anfang an nur so groß wie die von McDougalls Ratten nach dreißig Trainingsgenerationen.

Für diese verblüffende Entdeckung konnten weder Crew noch McDougall eine Erklärung geben. Ein australisches Forscherteam wiederholte die Experimente in Melbourne. Über einen Zeitraum von zwanzig Jahren maßen W. E. Agar und seine Mitarbeiter die Lerngeschwindigkeit von trainierten wie von untrainierten Rattenstämmen durch 50 Generationen. Bei beiden stellte auch Agar, wie er 1954 in seinem Schlußbericht erklärte, eine deutliche Tendenz zu schnellerem Lernen bei nachfolgenden Generationen fest.

Für diese rätselhaften Ergebnisse bietet Sheldrake seine Hypothese der »morphogenetischen Felder« an. McDougalls erste Rattengeneration, so glaubt Sheldrake, habe bei dem damaligen Test ein solches Feld errichtet. Dieses Feld habe dann das Verhalten der späteren Rattengenerationen »geleitet« – ein Vorgang, den Sheldrake als »morphische Resonanz« bezeichnet. Zu einer Resonanz kommt es, so erklärt Sheldrake seine Verwendung dieses Begriffs, wenn ein System unter den Einfluß einer Kraft gelangt, die mit seiner natürlichen Schwingungsfrequenz übereinstimmt. So kommt es beispielsweise zu einer sogenannten »sympathischen Schwingung« von gespannten Saiten, als Reaktion auf entsprechende Schallwellen; von einer solchen Schwingung spricht man gelegentlich auch, wenn Menschen einander anziehend finden.

Einstimmung auf Ähnlichkeit

Morphogenetische Felder, wie sie sich bei den Tierversuchen gezeigt haben, sind nach Sheldrakes Überzeugung auch bei menschlichen Lernprozessen wirksam. Der individuelle menschliche Geist ist möglicherweise mit einem Feld verbunden, an dem auch andere teilhaben. Auf diese Weise können Ereignisse aus der Vergangenheit oder aus räumlich weit entfernten Bereichen bestimmte Muster erzeugen, die vergleichbare Konstellationen hier und jetzt beeinflussen, gleichgültig, wie groß die Entfernung in Raum und Zeit dabei sein mag. »Organismen stimmen sich auf ähnliche Organismen in der Vergangenheit ein«, glaubt Sheldrake, »und je ähnlicher sie sind, desto spezifischer erfolgt dieses Einstimmen. Im allgemeinen pflegt auf einen Organismus in der Gegenwart die spezifische morphische Resonanz einzuwirken, die aus seinen *eigenen* vergangenen Zuständen herrührt. Daher brauchen Erinnerungen nicht als Spuren oder Eindrücke im Nervensystem gespeichert zu werden; sie entstehen vielmehr durch morphische Resonanz direkt aus eigenen vergangenen Zuständen.«

Was bedeutet dies nun für die Intuition? Möglicherweise geraten manche intuitiven Einfälle deshalb ganz unvermutet in unser Bewußtsein, weil andere Menschen, vor uns oder gleichzeitig, dieselben oder ähnliche Intuitionen hatten, die in einem morphogenetischen Feld gespeichert sind und sich mit Vorgängen in unserem eigenen Unbewußten vermischen. Dies würde an das kollektive Unbewußte denken lassen, wie C. G. Jung es definiert hat. Oder aber wir stimmen uns bei entsprechenden Gelegenheiten auf eigene vergangene Muster ein, durch morphische Resonanz, die vielleicht ausgelöst wird durch eine Ähnlichkeit der Situation, durch ein Gesicht, eine Geste oder ein Gefühl. Wenn Ratten oder andere Tiere an einem bestimmten Ort eine neue Aufgabe lösen lernen und andere Ratten, die Hunderte von Kilometern entfernt mit derselben Aufgabe konfrontiert werden, diese anschließend schneller lösen, so ist es wohl nicht abwegig, von diesem Tierversuch auch auf menschliche Möglichkeiten zu schließen, die zweifellos noch viel differenzierter sind.

Kreativität und Intuition

Nicht nur in der Literatur, der Musik und der bildenden Kunst, sondern auch im Bereich der Naturwissenschaften und vor allem auf dem Feld der Werbung ist »Kreativität« ein zentraler Begriff. »Kreativ« ist innerhalb der letzten vierzig Jahre zu einem Modeausdruck geworden, der das bis dahin benutzte Wort »schöpferisch« fast gänzlich beiseitegedrückt hat. »Schöpferisch« klingt inzwischen fast altmodisch, dabei etwas pathetisch und großspurig, vielleicht weil das Wort die Gedankenverbindung zu einem »allmächtigen Schöpfer« nahelegt. »Kreativ« dagegen klingt sachlicher, kühler. Der »göttliche Funke« ist unserem Denk- und Sprachgebrauch anscheinend verlorengegangen.

Was aber ist jetzt Kreativität? Und welche Rolle spielt dabei die Intuition?

Eine eindeutige Definition von »Kreativität« scheint ziemlich schwierig zu sein, da der Begriff sich inzwischen auf viele Bereiche ausgedehnt hat: Man spricht von kreativen Paar-Beziehungen, kreativen Gesprächen, kreativen Problemlösungen. Das Wort »schöpferisch« wäre in diesen Fällen zweifellos zu hoch gegriffen. Mit dem Begriff »kreativ« will man hier offenbar lediglich sagen, daß es sich um Neuartiges, Originelles oder Bahnbrechendes handelt, dem man gute Chancen für die Zukunft einräumt.

Der Kreativitätsforscher Siegfried Preiser ist der Auffassung, daß sich Kreativität insgesamt nicht objektiv, wertfrei und endgültig definieren lasse. Als vorläufigen Definitionsversuch bietet er an: »Eine Idee wird in einem sozialen System als kreativ akzeptiert, wenn sie in einer bestimmten Situation neu ist oder neuartige Elemente enthält und wenn ein sinnvoller Beitrag zu einer Problemlösung gesehen wird.«

Eine eigentliche Erforschung der Kreativität begann in den fünfziger Jahren in Amerika. Theoretische Ansätze dazu hatte es allerdings schon lange vorher gegeben. Nicht nur Künstler und Philosophen hatten sich schon seit Jahrhunderten mit der Frage nach dem Ursprung der schöpferischen Begabung auseinandergesetzt. Auch die Tiefenpsychologie von Freud und Jung sowie die deutsche Denkpsychologie hatten sich seit Anfang dieses Jahrhunderts mit diesem Thema beschäftigt.

Als Auslöser der heutigen Kreativitätsforschung wird aber meist ein Vortrag genannt, den J. P. Guilford im Jahre 1950 vor der American Psychological Association am Pennsylvania State College hielt und in den folgenden Jahren zu einer umfassenden Testreihe entwickelte. Mit seiner Zusammenfassung unterschiedlicher Forschungsrichtungen und der Anregung neuer Ideen gab Guilford den nun wirklich »kreativen« Anstoß zu einer rapiden Entwicklung der Kreativitätsforschung.

Guilfords Kreativitäts-Tests

Zu den kreativen Fähigkeiten, die Guilford und seine Kollegen bei zahlreichen Untersuchungen als bedeutungsvoll und nachweisbar erkannten, gehört beispielsweise die Sensitivität gegenüber Problemen. Sie bedeutet, daß ein Mensch seiner Umwelt mit einer offenen, kritischen Haltung gegenübertritt, Probleme erkennt, Widersprüche wahrnimmt und Verbesserungsmöglichkeiten entdeckt.

Untersucht wurde diese Fähigkeit mit Hilfe mehrerer Tests, die sich sowohl auf den sozialen als auch auf den materiellen Bereich der Versuchspersonen bezogen. So wurde etwa die Frage gestellt, wie sich bestimmte Formen menschlicher Beziehungen, zum Beispiel die Ehe, noch verbessern ließen. Auf materiellem Gebiet sollten Verbesserungsvorschläge für verschiedene Gebrauchsgegenstände (z. B. einen Toaster, ein Telefon oder Kinderspielzeug) gemacht werden. Außerdem wurde das Problembewußtsein der Testpersonen geprüft, indem sie herausfinden mußten, welche Schwierigkeiten im Zusammenhang mit bestimmten Gegenständen auftauchen können – bei einer Kerze, zum Beispiel, kann die Frage entstehen, wie sie am sichersten standfest gemacht wird oder wie lange sie vermutlich brennen wird oder wie man sich bei einem möglichen Brand verhalten sollte.

Diese ersten Testfragen, die etwas über die Kreativität der Versuchspersonen aussagen sollten, erstreckten sich zunächst weniger auf intuitive Fähigkeiten als vielmehr auf das, was man allgemein als »Intelligenz« begreift. Dies gilt auch für eine weitere Fähigkeit, die im Zusammenhang mit Kreativität untersucht wurde, nämlich die sogenannte »Geläufigkeit«. Hierbei versuchte man beispielsweise herauszufinden, wieviele Gedanken und Ideen jemand zu einer bestimmten Frage hatte – wie viele Antworten er etwa auf die Frage: »Was kann man alles in Spraydosen verpacken?« aus seinem Gedächtnisspeicher abrufen konnte.

Bei der Untersuchung der sogenannten »Wortflüssigkeit« mußten die Versuchspersonen möglichst viele Worte aufzählen, die einen ausgewählten Buchstaben oder Anfangsbuchstaben enthielten. Bei der »Ideenflüssigkeit« sollten zu einer Kurzgeschichte möglichst viele Überschriften gefunden werden, oder es wurde nach verschiedenen Verwendungsmöglichkeiten eines gewöhnlichen Ziegelsteins gefragt. Die »Assoziationsflüssigkeit« wurde geprüft, indem zu einem gegebenen Begriff, etwa dem Wort »schlecht«, möglichst viele bedeutungsgleiche Wörter aufgezählt werden sollten.

Fähigkeiten, die stärker mit Intuition zusammenhängen, sind die bei diesen Tests ebenfalls geprüfte »Originalität« oder auch die Begabung zur »Umstrukturierung«.

Unter »Originalität« sollte die Fähigkeit verstanden werden, ungewöhnliche Lösungsansätze und Ideen zu produzieren. Ungewöhnlich war etwa die Antwort »nichts« auf die Frage, was man in Spraydosen verpacken könne. Daß diese Antwort auch originell und treffend war, zeigt die Anwendung von Spraydosen, die tatsächlich »nichts«, das heißt ein Vakuum enthalten und als Mini-Staubsauger zum Entfernen von Fremdkörpern aus dem Auge oder zum Festhalten von Kleinteilen benutzt werden können. Die Fähigkeit zur »Umstrukturierung« wurde untersucht, indem die Testpersonen bestimmte Gegenstände oder einzelne Teile davon in einer völlig neuen Weise gebrauchen oder anordnen sollten. So wurden beispielsweise Nylonstrümpfe als Abschleppseile beim Autofahren vorgeschlagen, Stanniolpapier von einer Schokoladentafel als Auspuffdichtung verwendet oder das Deckelglas einer Taschenuhr als Brennglas zum Feuermachen benutzt.

Ständiger Bedarf an kreativen Leistungen

Bis zu Guilfords Untersuchungen war die systematische Forschung auf diesem Gebiet, von wenigen Ausnahmen abgesehen, ziemlich vernachlässigt worden. Aber je deutlicher erkannt wurde, daß eine Gesellschaft einen ständigen Bedarf an kreativen Leistungen hat, desto mehr wuchs das allgemeine Interesse daran. Daß eine hochindustrialisierte Gesellschaft solche Leistungen im wissenschaftlichen Bereich benötigt, stand schon lange außer Frage. Der künstlerischen Kreativität gestand man immerhin einen, wenn auch schwer meßbaren, kulturellen Wert zu. Allmählich wurde aber deutlich, daß auch auf vielen anderen Gebieten, wie etwa dem der Politik, Kreativität unerläßlich war. Um mit Krieg und Kriminalität, Überbevölkerung und Umweltverschmutzung, Verkehrsproblemen und psychischen Störungen fertig zu werden, bedarf es, wie man inzwischen hat einsehen müssen, einer Menge kreativer Ideen.

Begonnen hatte die systematische Kreativitätsforschung also nicht mit der primären Absicht, Näheres über den Ursprung der Kunst und das Wesen des Künstlers zu erfahren, sondern zum größeren Teil aus recht materiellen Motiven. Gegen Ende des Zweiten Weltkriegs sah sich Guilford mit seinen Kollegen vor die Aufgabe gestellt, bei der amerikanischen Luftwaffe neue Maßstäbe für die Auswahl von Führungskräften auszuarbeiten. Da die Wirtschaft ja auch in Friedenszeiten, trotz verminderter Rüstungsindustrie, mit Profit arbeiten sollte, mußten für industrielle Betriebe neue Programme erdacht werden, um neue Produkte herstellen und alte modernisieren zu können. Diese Produkte mußten nicht nur hergestellt, sondern auch abgesetzt werden. Dafür

170

war gezielte und phantasievolle Werbung nötig. Der Bedarf an kreativen Ideen war also in vielen Bereichen außerordentlich groß.

Hinzu kam, daß die USA seit dem Start des ersten Weltraumsatelliten durch die UdSSR nicht mehr allein an der Spitze des wissenschaftlich-technischen Fortschritts standen. Amerikanische Forscher wiesen nach, daß der sogenannte »Sputnik-Schock« einer der wichtigsten Anstöße für Bildungs- und Erziehungsreformen der sechziger Jahre zumindest in den Vereinigten Staaten war. Vorschulische Kreativitätsförderung und intellektuelle Früherziehung haben demnach ihre Existenz zu einem entscheidenden Teil dem internationalen Konkurrenzdenken zu verdanken.

Schulerziehung und Kreativität

Die Kreativitätseuphorie der ersten Jahre scheint inzwischen allerdings einer gewissen Ernüchterung gewichen zu sein. Zwar sind Begriffe wie »brainstorming« und »Denkfabriken« in Industriebereichen längst jedermann geläufig, aber die alltägliche Kleinarbeit auf anderen Gebieten, zum Beispiel in der schulischen Erziehung, liegt nach Auffassung von Kreativitätsforschern ziemlich im argen.

Für diese ernüchternde Tatsache sieht Siegfried Preiser mehrere Gründe. Einer davon ist die Erkenntnis, daß ein durchschlagender Erfolg von Kreativitätsprogrammen, zumindest in Deutschland, bislang nicht zu verzeichnen ist. Das wiederum mag seine Ursache auch darin haben, daß sich die Fachleute noch nicht auf eine präzise Definition von Kreativität haben einigen können. So sind Programme für eine kreative Erziehung in Schule und Beruf in ihrer Wirkung begrenzt geblieben. Von aufgeschlossenen Pädagogen wird Kreativität zwar nach wie vor als »übergeordnetes Lernziel« vertreten, bleibt aber offenbar nur ein Fernziel.

Dies liegt, wie Preiser feststellt, unter anderem daran, daß Kreativitätsförderung in der Schule nicht ohne einschneidende Veränderungen der gewohnten Unterrichtspraxis durchzuführen ist. Da ein vorgeschriebenes »Pensum« erfüllt werden muß, bleiben für angewandte Kreativitätsprogramme nur die – oft sehr stiefmütterlich behandelten – sogenannten »musischen« Fächer. Die Folge ist, daß Kreativität weiterhin ein eher schattenhaftes Dasein führt.

Nicht zuletzt sind, nach Preisers Auffassung, auch unkreative Lehrer für diese Situation mitverantwortlich. Denn die Förderung jugendlicher Kreativität setzt Pädagogen voraus, die kreative Ansätze erkennen und fördern können und selbst entsprechende Anregungen produzieren. Vielen Lehrern fehle jedoch die Bereitschaft dazu, sich mit diesem neuen Bereich eingehend zu beschäftigen, zumal sie meist auch selbst keine derartige Förderung erfahren haben und infolgedessen über zuwenig Information verfügen. So meinen sie, daß Intuition und Kreativität schon hinreichend in den sogenannten »musischen« Fächern gefördert würden.

Wie sich kreatives Denken auch in anderen Fächern als im Musik- oder Zeichenunterricht äußern kann, dafür bietet der deutsche Mathematiker Karl Friedrich Gauß ein anschauliches Beispiel. Als Sechsjähriger sollte Gauß zusammen mit seinen Mitschülern möglichst schnell die Zahlen von eins bis zehn zusammenzählen. Während seine Klassenkameraden rechneten: $1 + 2 = 3$, $3 + 3 = 6$, $6 + 4 = 10$, $10 + 5$ etc., legte Gauß dem Lehrer in kürzester Zeit das Ergebnis vor. Er hatte Zeit gespart, indem er originell vorgegangen war und gerechnet hatte: $1 + 10 = 11$, $2 + 9 = 11$, $3 + 8 = 11$ usw. Diese Rechnung ergab 5 Paare zu je 11, insgesamt also 55. Die Kreativität bei diesem Verfahren bestand darin, daß Gauß auf den Einfall gekommen war, nicht wie gewohnt der Reihe nach zu rechnen, sondern eine Umgruppierung vorzunehmen, die nicht nur unkonventionell war, sondern das Verfahren sogar beschleunigte.

Gauß war allem Anschein nach, wie wir es im allgemeinen nennen würden, »hochintelligent«. Auf die kreative Intuition bezogen, könnten wir diese Intelligenz als besondere Begabung für produktives oder kreatives Denken bezeichnen.

Konvergierendes und divergierendes Denken

Für eine solche Begabung verwendete Guilford bei seinen Forschungen zur Kreativität und Intelligenz den Begriff »divergierendes« (im Unterschied zu »konvergierendem«) Denken. Divergicrendes Denken zeichnet sich aus durch *Produktivität* (im Sinne von Ideenreichtum, wie das Beispiel von Gauß zeigt, der schnell eine neue Möglichkeit zur Problemlösung gefunden hatte), durch *Flexibilität* (die Fähigkeit, viele Möglichkeiten zu entdecken, um einen vertrauten Gegenstand auf unterschiedliche Weise zu benutzen) und *Originalität* (nämlich neue Einfälle zu bekommen, also nicht nur mehr Möglichkeiten, sondern mehr ungewohnte Möglichkeiten herauszufinden). Das konvergierende Denken dagegen richtet sich auf ein eng umschriebenes Ziel, um das Wesentliche erfassen zu können; es sucht nach der einen richtigen Lösung, die in Frage kommt.

Die beiden verschiedenen Denkweisen brauchen hier nicht gewertet zu werden. Wir benötigen beide. Um eine Situation zu erfassen und den ihr gemäßen Lösungsweg zu finden, brauchen wir das konvergierende Denken; um möglichst viele, möglichst neue Wege zu finden, brauchen wir das divergierende Denken.

Um festzustellen, welche Beziehungen zwischen Intelligenz und kreativer Intuition bestehen, hatten Guilford und andere Forscher sich lange um geeignete Meßverfahren bemüht, aber ohne Erfolg. Hier konnte offenbar nur die Intuition im Einzelfall helfen. Für die Messung der Intelligenz gab es hinreichend viele standardisierte Verfahren. Aber Kreativität systematisch zu messen, stieß schon deshalb auf Schwierigkeiten, weil es für diese Begabung keine eindeutige Definition gab und eine vergleichende Bewertung von Produktivität, Flexibilität, Originalität kaum möglich schien.

Immerhin erbrachten zahlreiche Untersuchungen aber zumindest das übereinstimmende Resultat, daß sehr kreative Menschen auch meist als sehr intelligent gelten, daß aber andererseits hochintelligente Menschen durchaus nicht immer kreativ sind. Überdurchschnittliche Intelligenz ist also eine zwar notwendige Voraussetzung für Kreativität, aber sie allein genügt noch nicht, um kreative Leistungen hervorzubringen.

Kreative Störenfriede

Kreativ begabte, phantasievolle Schüler gelten im Schulunterricht oft als »Störfaktoren«. Sie kommen plötzlich mit »verrückten Ideen«, sind »albern«, ordnen sich schwer in die Klassengemeinschaft ein und werden deshalb häufig als Außenseiter und Einzelgänger betrachtet und behandelt. Solche Schüler benötigen besonders kreative Lehrer, Pädagogen, die in der Lage sind, auf nichtkonformes Verhalten mit Intelligenz und Einfühlsamkeit einzugehen und nicht sofort zu »disziplinarischen Maßnahmen« zu greifen. Solche Lehrer sind allerdings, wie Preiser und andere Forscher bedauernd feststellen, immer die Ausnahme.

Das bedeutet natürlich nicht, daß jedes unkonventionelle und störende Verhalten in der Schule bereits als »kreativ« einzustufen wäre. Aber für sehr viele Lehrer gilt ein Schüler, der sich auf die Dauer nicht reibungslos der Gruppe anpaßt, sondern in Kleidung oder Verhalten gelegentlich eigene Wege sucht, als unbequem, weil er den planmäßigen Ablauf stört und damit die Erfüllung des angestrebten Pensums gefährdet. Nur wirklich kreative Lehrer verstehen es, solche »Störenfriede« produktiv in den Unterricht einzugliedern und sie auch als Anregung wahrzunehmen, durch die gewisse eingefahrene Denkschemata aufgebrochen werden können.

Daß das Interesse an Kreativitätsförderung nicht überall groß ist, kann sicher auch darauf zurückgeführt werden, daß Kreativität grundsätzlich als potentieller Unruheherd betrachtet wird. Denn kreatives Denken bedeutet ja auch, Probleme und Widersprüche zu erkennen, kritische Fragen zu stellen und gelegentlich die geforderte Anpassung zu verweigern. Beispiele dafür bieten manche Kreativitäts-Zentren in den USA, die in kürzester Zeit zu Hochburgen der Kritik am amerikanischen Gesellschaftssystem wurden. Aber auch die antiautoritäre Studentenbewegung der sechziger Jahre in den USA und in Europa zeigte deutlich, wie beunruhigend neue, noch unerprobte Ideen wirken können.

Der kreative Vorgang

Was läßt sich nach heutigem Verständnis über den kreativen Vorgang sagen, und welche Funktion erfüllt dabei die Intuition?

»Oft, wenn ich so dahinschlenderte, ohne an etwas Bestimmtes zu denken, und nur die Dinge um mich herum, ihr Blühen und Vergehen betrachtete«, beschreibt der englische Dichter A. E. Housman um die Jahrhundertwende die schöpferische Intuition, »ergriff mich plötzlich mit aller Macht ein unbeschreibliches Gefühl, und eine oder zwei Zeilen eines Gedichts kamen mir in den Sinn – ja, manchmal war eine ganze Strophe auf einmal ›da‹.«

»Der kreative Akt ist nicht, wie manche ›Kreative‹ uns glauben lassen wollen, ein blitzartiges Ereignis, das wie eine göttliche Inspiration den Menschen überfällt und ihn teilhaben läßt am unerklärlichen, geheimnisvollen Schöpfungsprozeß«, urteilt achtzig Jahre später der Kreativitätsforscher Preiser. »Kreativität ist nur zu einem Teil ›Inspiration‹, großenteils aber ›Transpiration‹. Vor und nach dem kreativen Einfall liegen oft harte Vorbereitungen und Ausarbeitungen. Kreativität ist also ein Vorgang, der Zeit beansprucht.«

Um sich über diesen Vorgang größere Klarheit zu verschaffen, haben amerikanische und europäische Kreativitäts-Experten versucht, ihn in einzelne Phasen zu zerlegen. Die wichtigsten Übereinstimmungen in der Beurteilung sollen hier kurz genannt werden.

Einig sind sich die meisten Forscher darüber, daß jedem kreativen Prozeß eine aktive Auseinandersetzung zwischen der betreffenden Person und ihrer Umwelt vorausgeht. Diese Überzeugung schließt eine überfallartige Inspiration durch »Musen« natürlich aus.

Nach der vor-kreativen Phase beginnt man, Probleme

wahrzunehmen und sie zu analysieren. Wenn man durch kreative Erziehung gelernt hat, sich aufmerksam mit der Umwelt und mit den eigenen Bedürfnissen auseinanderzusetzen, wird man äußeren wie inneren Problemen meist auch kreativ begegnen können. Sobald die Probleme wahrgenommen und näher untersucht worden sind, wird aus dem Gedächtnisspeicher eine Vielzahl von Informationen zusammengetragen, die irgendeinen Bezug zu den vorgefundenen Problemen haben. Je mehr Informationen man dabei zur Verfügung hat und je phantasievoller man damit umgehen kann, desto günstiger ist dies für die Problemlösung. Selbst scheinbar abwegige Assoziationen können und sollten dabei aktiviert werden.

Die gesammelten Informationen werden nun zueinander in Beziehung gebracht, und man spielt verschiedene Kombinationen durch. Die Forscher unterscheiden hier zwischen »organisierten« und »inspirierten« Zugangsarten. Beim organisierten Zugang werden *ganz bewußt* Assoziationen zum Problem zusammengetragen und Hypothesen für dessen Lösung aufgestellt. Dieses Vorgehen dürfte in den meisten Fällen angewandt werden, bei denen es sich um die Beantwortung einer Frage mit nur einer einzigen optimalen Lösungsmöglichkeit handelt. Beim inspirierten Zugang dagegen, der eine Vielzahl von Möglichkeiten anbietet, werden die Assoziationen überwiegend *unbewußt* zusammengetragen, kombiniert und erweitert.

Von der Inkubation zur Inspiration

Diese Phase, die dem Zeitraum zwischen einer Infektion und dem Ausbruch einer Krankheit entspricht, wird, wie in der Medizin, als »Inkubationszeit« bezeichnet. Oft ist dies ein Zustand der Gedankenlosigkeit oder des »Dösens«, auf jeden Fall eine Phase körperlicher und seelischer Entspannung, zum Beispiel unmittelbar vor dem Einschlafen oder kurz nach dem Aufwachen. Manche Leute führen diesen Zustand auch künstlich herbei, etwa durch leichte mechanische Handarbeit (wie etwa Geschirrspülen oder Schuheputzen). Auch im

Schlaf kann diese unbewußte Informationsverarbeitung weitergehen, was sich oft in Träumen äußert.

»Wenn ich, wie so oft, ganz auf mich selbst gestellt und heiter gestimmt bin – auf der Reise in einer Droschke, nach einer guten Mahlzeit oder des Nachts, wenn ich nicht schlafen kann –, dann fließen die Einfälle am besten und in Überfülle«, schrieb Mozart in einem Brief. »*Woher* und *wie* sie kommen, das weiß ich nicht. Ich kann sie auch nicht herbeizwingen.«

Obgleich die Zeit der Inkubation von außen gesehen entspannt verläuft, wird sie innerlich oft als beunruhigend und spannungsvoll erlebt. Wenn diese Phase fruchtbar ist, endet sie häufig mit einem intuitiven Durchbruch – einem plötzlichen Einfall, einer »Erleuchtung«, die von manchen Forschern auch als »Illumination« bezeichnet wird. Ein solcher Einfall wirkt deshalb so überraschend, weil der vorangehende Prozeß der Inkubation unbewußt vor sich ging, also nicht als solcher wahrgenommen wurde. Das erklärt, warum man sich vor der Entdeckung des »Unbewußten« mit der Vermutung half, eine schlagartig auftretende Idee könne nur als eine von außen kommende »Inspiration« verstanden werden.

Der plötzliche Einfall muß nun aber nicht unbedingt immer die beste Art der Problemlösung sein. Um festzustellen, ob er dies ist oder nicht, muß er – und das ist eine weitere Phase – auf seine Anwendbarkeit hin untersucht werden. Das kann ganz bewußt geschehen, indem man die Idee rational überprüft; es kann aber auch intuitiv entschieden werden oder aber ganz und gar unbewußt vor sich gehen.

Die anschließenden und letzten Phasen dieses Vorgangs, wie sie von Kreativitätsforschern definiert werden, sind dann die Kommunikation über das kreative Produkt und die Realisierung des Kunstwerks, der Erfindung oder der Theorie.

Kreative Begabung – eine psychische Störung...

Über die Merkmale, die einen (introvertierten oder extravertierten) intuitiven Typus charakterisieren, ist vor allem in dem Kapitel über C. G. Jungs Typenlehre schon gesprochen worden. Viele Menschen, die sich zu den intuitiv besonders begabten Einstellungstypen zählen, möchten gern von sich wissen, ob sie auch über besondere schöpferische Begabung verfügen und wie diese zu erkennen und gegebenenfalls in die Praxis umzusetzen sei. Die Untersuchungen von Guilford und seinen Kollegen haben gezeigt, daß es zumindest einige stabile Faktoren gibt, die zu kreativer Tätigkeit notwendig sind.

Die genannten Fähigkeiten, die als Voraussetzung für kreatives Handeln betrachtet werden, sind in der Gesamtbevölkerung so weit verbreitet, daß vermutlich jeder Leser eine oder mehrere davon bei sich selbst festgestellt haben dürfte. Bei allem Selbstvertrauen wird man aber doch zugeben müssen, daß es hinsichtlich der kreativen Begabung gewisse Unterschiede gibt. Um das festzustellen, bedarf es nicht einmal des Vergleichs mit einem »Universalgenie« wie Leonardo da Vinci, der bei jedem Problem, vor das er sich gestellt sah, eine systematische Veränderung der einzelnen Elemente vornahm, um bei der Lösung keine Möglichkeit außer acht zu lassen. Auch bei seinen geometrischen und architektonischen Studien experimentierte er auf diese Weise, um schließlich, intuitiv, die Lösung zu verwenden, die ihm angemessen schien.

Über die Merkmale der »kreativen Persönlichkeit« gibt es inzwischen eine kaum noch überschaubare Zahl von Untersuchungen und Theorien. Unter der Vielzahl von Kennzeichen, die man kreativ besonders begabten Menschen zuschreibt, wird häufig auch eine Neigung zu neurotischem Verhalten genannt. Der erste Forscher, der einen Zusammenhang zwischen »Genie und Irrsinn« nachzuweisen versuchte, war 1864 der italienische Psychiater Cesare Lombroso. Seitdem ist, auch in der öffentlichen Meinung, diese vermutete Beziehung immer wieder zum Thema gemacht worden, zumal einzelne markante Beispiele (Hölderlin, Schumann, Nietzsche) diese Annahme zu stützen schienen.

Daß zwischen künstlerischen Prozessen und Neurose-ähnlichen Zuständen eine Verwandtschaft bestehe, meinte auch Sigmund Freud: »Die Triebkräfte der Kunst«, schrieb er, »sind dieselben Konflikte, welche andere Individuen in die Neurose drängen«. Der Künstler, so glaubte Freud, sei deshalb so anfällig für Neurosen, weil er eine starke Neigung zur Weltfremdheit habe, die Realität oft nicht erkenne oder nicht anerkennen wolle und sich in kindlich anmutende Phantasien verstricke. Durch seine rätselhafte künstlerische Begabung werde er aber vor der krankhaften Entwicklung gerettet und zu kreativer Produktion befreit.

Einige Jahrzehnte nach Lombrosos aufsehenerregender Schrift über ›Genie und Irrsinn‹ hatte sich in der Psychiatrie zeitweise ein Forschungszweig etabliert, der sich speziell mit diesem Zusammenhang beschäftigte: die sogenannte Pathographie. Da viele Psychiater in der künstlerischen Hochbegabung eine Form von Geisteskrankheit sahen, bemühten sie sich darum, eine möglichst große Zahl als »genial« eingestufter Künstler in solchen Pathographien zu erfassen und die Art ihrer vermuteten geistigen Erkrankung wissenschaftlich zu diagnostizieren. Auf diese Weise wurde das sogenannte »Genie« aus dem Bereich des Normalen ausgegrenzt und konnte dadurch leicht in jeder Beziehung mißdeutet werden: als einzigartig und verehrungswürdig, oder als krank und »entartet«.

Anders versuchte sich die Psychoanalyse dem Problem zu nähern. In der Absicht, die Pathographie durch die Psychobiographie zu ersetzen, also keinen Krankenbericht, sondern einen Lebensbericht zu vermitteln, holte sie das Genie wieder auf den Boden des Alltags zurück. Die psychoanalytische Betrachtung von Künstlerbiographien schien zwar die Vermutung zu erhärten, daß zwischen künstlerischem Talent und »seelischer Störung« ein enger Zusammenhang bestehe. Aber die Tatsache, daß sich der Künstler mit Hilfe seiner kreativen Intuition aus diesem Zusammenhang befreien konnte, legte den Schluß nahe, daß es sich bei Kreativität, wenn schon um eine etwas abnorme Veranlagung, so doch wenigstens um eine »besonders gelungene Form psychischer Störungen« handele, wie es im freudianischen Kreise hieß.

...oder ein Zeichen für seelische Gesundheit?

Nicht als Störung, sondern, im Gegenteil, als Ausdruck psychischer Gesundheit betrachten die Vertreter der sogenannten Humanistischen Psychologie die kreative Begabung. Für sie ist Kreativität ein Anzeichen dafür, daß der betreffende Mensch die Realität unverfälscht und objektiv wahrnimmt, sich nicht durch Vorurteile und strenge Regeln einengen läßt, sondern sich selbst in seiner Kreativität verwirklicht. Untersuchungen mehrerer amerikanischer Psychologen im Jahre 1959 ergaben, daß kreative Menschen als emotional stabil, verantwortungsbewußt und »reif« gekennzeichnet werden können.

Diese Sicht der Kreativität hat mit der psychoanalytischen Auffassung zumindest eins gemeinsam: Daß sich die psychoanalytische Behandlung eines Künstlers erübrigt, falls dieser keine Verhaltensauffälligkeiten zeigt, unter der er selbst oder seine Umgebung zu leiden hat. In entsprechenden Untersuchungen wurde auch nachgewiesen, daß Kreativität durch eine Psychotherapie nur dann unterdrückt wird, wenn sich diese Therapie ausschließlich auf Anpassung richtet.

Kreativität und seelische Erkrankung schließen sich, das läßt sich zusammenfassend sagen, zwar nicht gegenseitig aus. Aber die Vermutung, daß beide voneinander *abhängen*, läßt sich nicht bestätigen. Künstler unterscheiden sich von Nicht-Künstlern durch die Art ihrer Tätigkeit und möglicherweise auch durch die eine oder andere Äußerlichkeit, nicht aber durch ihren »psychischen Gesundheitszustand«.

Diesen positiven Testergebnissen fügten andere Forscher in den 60er Jahren weitere günstige Fakten hinzu. In zahlreichen Untersuchungen wurden Kreative als vital, energisch, leistungs- und erfolgsmotiviert, spontan, mutig und ausdauernd geschildert. Kreative zeichneten sich unter anderem darin aus, daß sie sich aktiv und verantwortungsbewußt mit ihrer Umwelt auseinandersetzten und deren Probleme zu lösen versuchten. Zu dieser Aktivität treiben den Kreativen seine ständige Neugier, sein Forschungsdrang und ein »kindlicher« Hang zu phantasievollem Experimentieren.

»Weibliche Intuition« und Kreativität

»Was den Mann im Leben leitet – oder leiten soll – und seinen Persönlichkeitswert bedeutet, ist die bewußte Beherrschung seiner Beziehung zur Realität, die mehr intellektuelle Auffassung des Daseins und die verstandesmäßige Lösung der Lebensaufgaben. Die Frau... unterliegt eben dort, wo sie sich vom Manne unterscheidet, dem ›Geheimnis‹ ihrer weiblichen Seele: sie agiert und reagiert aus der dunklen, geheimnisvollen Tiefe ihres Unbewußten, also affektiv, intuitiv, rätselhaft. Das Gesagte ist natürlich kein Werturteil, es ist die Feststellung einer Tatsache.«

Dies ist nicht etwa die vorurteilsbeladene Äußerung eines Mannes, sondern die Überzeugung einer Frau, die alles andere als eine unterdrückte Angehörige des weiblichen Geschlechts war: Helene Deutsch, als Psychoanalytikerin gleichermaßen bekannt durch »weibliche« Einfühlungsfähigkeit und »männlichen« Scharfsinn, stellte diese »Tatsache« in einem Vortrag über die Schriftstellerin George Sand fest. Die französische Autorin wiederum, die als »männliche« Frau galt und mit »weiblichen« Männern wie Frédéric Chopin und Alfred de Musset eng befreundet gewesen war, ist für Helene Deutsch ein Beispiel für die »Tragödie einer Frauenseele«, wie die Analytikerin es nennt.

Hier soll uns weniger interessieren, wie es Helene Deutsch gelingt, aus Kindheitserlebnissen von George Sand abzuleiten, warum die Schriftstellerin ein im Grunde unerfülltes Liebesleben gehabt hat. Der Vortrag der Psychoanalytikerin ist in unserem Zusammenhang vor allem deshalb interessant, weil er, aus weiblicher Sicht, das Thema Intuition und Kreativität am Beispiel einer Frau behandelt – am Beispiel der

»ersten programmatischen Feministin«, wie die Analytikerin sie charakterisiert.

Helene Deutsch geht davon aus, daß »weiblich« und »männlich« zwar scharf voneinander getrennte Begriffe sind, aber beim einzelnen Menschen niemals »rein« zum Ausdruck kommen. Frau und Mann seien einmal aus einer Einheit entstanden – ein Gedanke, der sich schon in der antiken Philosophie findet –, und diese ursprüngliche Einheit lebe als bisexuelle Anlage in jedem Menschen fort: In jeder Frau seien »männliche«, in jedem Mann »weibliche« Anteile vorhanden, wobei der jeweilige gegengeschlechtliche Anteil natürlich unterschiedlich groß sei.

Wird nun die Harmonie zwischen männlichen und weiblichen Tendenzen in einem Individuum aus irgendeinem Grunde gestört, dann entsteht ein innerer Konflikt, der sich als eine Neurose oder, wie Helene Deutsch es in bezug auf George Sand formuliert, als »gestörtes Lebensschicksal« äußern kann. George Sand war, nach Auffassung der Psychoanalytikerin, nicht in der Lage, »ein befriedigendes, glückbringendes Verhältnis zum anderen Geschlecht herzustellen«.

Intuition im Dämmerzustand

Als Forschungsmaterial benutzte die Analytikerin George Sands autobiographische Schriften und ihre Romane. Dabei machte Helene Deutsch eine interessante Entdeckung, die die Beziehung zwischen dem Bewußtsein eines Autors und seiner intuitiven Fähigkeit beleuchtete. »Trotz ihrer großen Intuition und fast genial zu nennenden psychologischen Begabung«, schreibt die Analytikerin, »trotz des Bestrebens, sich selbst zu verstehen und verständlich zu machen, bleibt doch ihre Persönlichkeit in zwei Teile scharf gespalten. Der eine Teil, der in den autobiographischen Schriften das Material ihres bewußten Lebens liefert, und der andere, der unbewußte, der unter verschiedenen Namen in zahlreichen Gestalten ihrer Romane an der Oberfläche der Geschehnisse erscheint. In diesen Gestalten wird dasjenige herausbefördert, herausprojiziert, was in tieferen Schichten der Seele ihrem bewußten Schauen unzugänglich war.«

Die Schriftstellerin selbst war sich der Identität ihrer dichterischen Gestalten mit sich oder mit anderen Personen ihres realen Lebens anscheinend nicht bewußt oder weigerte sich zumindest, diese Identität anzuerkennen. Sie verwahrte sich energisch dagegen, wenn man ihr gelegentlich eine allzu deutliche Übereinstimmung fiktiver Figuren mit realen Menschen aus ihrer Umgebung vorhielt.

Es gibt, wie Helene Deutsch erklärt, bestimmte seelische Störungen, bei denen der Kranke in sogenannte »Dämmerzustände« verfällt. In solchen Zuständen nimmt er Dinge wahr, die ihm gewöhnlich nicht zu Bewußtsein kommen. In manchen Fällen kann es dazu kommen, daß die Person des Betreffenden wie verdoppelt erscheint. Der Kranke führt einerseits ein bewußtes Leben, daneben aber ein Dasein in Dämmerzuständen. Dabei entspricht die Persönlichkeit der Dämmerzustände denjenigen psychischen Tendenzen, die ins Unbewußte verdrängt worden sind. Keiner der beiden Persönlichkeitsteile weiß von der Existenz des anderen.

Ähnliche Seelenzustände muß, wie Helene Deutsch annimmt, die Schriftstellerin George Sand erlebt haben. Während der Phasen ihrer künstlerischen Produktivität verfiel sie anscheinend in eine Art schlafwandlerische Gemütsverfassung, in der sie völlig von der äußeren Wirklichkeit abgetrennt war. Stunden- oder sogar tagelang saß sie, wie Bekannte von ihr berichteten, mit »blödem«, abgewandtem Gesichtsausdruck da, brütete vor sich hin und versenkte sich in das Leben ihrer Romanfiguren. Sie selbst sagte von sich, daß sie nie wußte, *was* sie eigentlich niederschrieb. Das Niederschreiben bedeutete dann für sie die allmähliche Rückkehr in die äußere Realität.

Diese Beschreibung läßt ahnen, wie sich die kreative Intuition unter der Schwelle des Bewußtseins betätigt. Die Phase der »Inkubation« ist allem Anschein nach ein unbewußter Prozeß des Sammelns, Sichtens, Ordnens und der Kombination von ungezählten Daten, Bildern, Erfahrungen und Phantasien – ein Prozeß, der schließlich zu einem neuen, unverwechselbar gestalteten Ergebnis führt, das, wenn es glückt, ein Kunstwerk ist. Bei dieser kreativen Arbeit der Intuition ist zwischen Frauen und Männern, die künstlerisch tätig sind, kein Unterschied festzustellen.

» Weibliche Intuition « – im Alltag

Wie aber verhält es sich mit der sogenannt » weiblichen Intuition « im alltäglichen Leben? Sind Frauen mit einer besseren Intuition ausgestattet als Männer? Machen sie vielleicht mehr Gebrauch von ihren intuitiven Fähigkeiten? Oder ist es einfach ein langgehegtes männliches Vorurteil, das » den Frauen « logisches Denkvermögen abspricht und sie pauschal in das Klischee der » irrationalen « Handlungsweisen zwängt?

Beobachtungen im Alltag lassen immer wieder erkennen, daß die meisten Frauen sich ausführlicher als die meisten Männer mit dem Aussehen und den vermuteten Charaktereigenschaften ihrer Mitmenschen beschäftigen. Ob das aus » genetischen « Ursachen geschieht oder eher deshalb, weil Frauen seit Jahrtausenden, durch ihre Tätigkeit in Haus und Familie, einen stärkeren » Sinn « für zwischenmenschliches Verhalten entwickelt haben, kann hier nicht beantwortet werden. Einleuchtend wäre aber natürlich, daß sich durch eine so lange Einübung die Fähigkeit des intuitiven Erkennens immer mehr verbessert hätte. Sicher nicht ohne Grund hört man gelegentlich Bemerkungen wie: » Was Frauen im kleinen Finger haben, müssen Männer mühsam in Manager-Kursen lernen. «

Um Fragen nach geschlechtsspezifischen Unterschieden in bezug auf Intuition auch wissenschaftlich zu klären, sind seit Jahren immer neue Tests und medizinische Untersuchungen durchgeführt worden, deren Gesamtergebnis aber bislang noch keine eindeutigen Schlußfolgerungen zuläßt. Je nach Art der Fragestellung wurden bei manchen Tests, die beispielsweise die Fähigkeit zur Problemlösung feststellen sollten, die Frauen als intuitiver eingestuft; bei anderen Problemlösungstests zeigten die Männer eine bessere Intuition. Männer zeigten sich beim Lösen von Problemen in den meisten Fällen weniger störungsanfällig, während Frauen sich zwar leichter von äußeren Störfaktoren ablenken ließen, dafür aber den Gesamtzusammenhang nicht so schnell aus den Augen verloren wie viele Männer.

Einige Forschungsresultate wiesen darauf hin, daß das räumliche Sehvermögen bei Männern besser ausgeprägt zu sein scheint als bei Frauen: Männer konnten bei entsprechenden Versuchen im allgemeinen besser Landkarten lesen, dreidimensionale Objekte einschätzen oder sich in Labyrinthen zurechtfinden und schnitten auch bei mathematischen Berechnungen besser ab.

Frauen haben dagegen entscheidende Vorteile gegenüber Männern, indem sie auch Informationen aufgreifen, die keine unmittelbare Beziehung zur gestellten Aufgabe zu haben scheinen, aber dennoch zu einer Lösung beitragen. Sie verarbeiten außerdem nicht-verbale Informationen schneller als Männer, sind sensibler im Erfassen von Veränderungen der Mimik und Gestik eines anderen Menschen und haben ein besseres Gespür für unterschiedliche Klänge und für die Verschiedenheit von Gerüchen, selbst wenn diese nur in geringen Nuancen voneinander abweichen mögen. Ob solche Geschlechtsunterschiede, wenn sie sich tatsächlich durch weitere, spezifischere Untersuchungen nachweisen lassen, durch Erziehung und Umwelt bedingt oder aber angeboren sind, ist vorläufig eine noch ebenso offene Frage wie die, ob bei Frauen, wie häufig zu hören ist, die rechte Gehirnhälfte dominiert, während die linke Hemisphäre eher der »männlichen Ratio« zugeschrieben wird. »Die Vorstellung, daß Mann und Frau jeweils nur eine Seite des Gehirns nutzen, ist töricht«, sagt der amerikanische Psychologe Jerre Levy. »Sie wird durch nichts belegt, auch nicht durch psychologische Daten.«

Wichtig ist außerdem die Feststellung, daß eventuelle geschlechtsspezifische Unterschiede im Hinblick auf intuitive Begabung nur einem statistischen *Durchschnitt* entsprechen – es ist damit also keineswegs gesagt, daß jeder Mann jeder

Frau in Mathematik überlegen wäre und jede Frau leichter Fremdsprachen lernen könne als jeder Mann.

Wenn sämtliche bisherigen Untersuchungen aber wenigstens ein einziges positives Resultat erbracht haben, dann dürfte es darin bestehen, daß der intuitiven Fähigkeit auch von seiten der Naturwissenschaft heute ein großes Interesse entgegengebracht wird. Die allgemein verbreitete Aufmerksamkeit, die die Intuition jetzt genießt, läßt die Hoffnung zu, daß die intuitiven Fähigkeiten etwas von dem »Makel« des Vagen, Ungenauen, Irrationalen verlieren und statt dessen mehr unter dem, konstruktiveren, Aspekt der Phantasie, des Einfühlungsvermögens und der Kreativität gesehen werden.

Läßt Intuition sich »trainieren«?

Intuitive Begabung hat nicht nur für den einzelnen Menschen viele Vorzüge, sondern ist offenbar auch für die Gesellschaft in vieler Hinsicht wichtig, sogar lebensnotwendig. Ohne die Hilfe der Intuition werden weder gute Partnerschaften geknüpft noch Erfindungen gemacht; ohne Intuition ist weder Kunst und spielerische Phantasie noch »Liebe auf den ersten Blick« oder auch nur Sympathie denkbar. Intuition gehört dazu, einen kaufmännischen Betrieb erfolgreich zu leiten, und Intuition wird gebraucht, wenn es darum geht, einen Menschen richtig einzuschätzen.

Läßt Intuition sich trainieren? Anscheinend nicht. Denn nach allem, was bisher über das »Wissen, von dem man nicht weiß, woher man es weiß« bekannt ist, läßt sich Intuition ja nicht willentlich dirigieren und kontrollieren, sondern ist gerade dadurch definiert, daß sie – wenn überhaupt – spontan kommt und uns meist unvorbereitet trifft.

Aber wenn sich auch die intuitive Fähigkeit nicht direkt systematisch verbessern oder methodisch herbeizwingen läßt, so kann man ihr doch wenigstens, wie viele Forscher glauben, den Boden bereiten, auf dem sie gedeiht. Beim Rückblick auf die Schilderungen intuitiver Erfahrungen lassen sich bestimmte gemeinsame Voraussetzungen erkennen, die die Intuition offenkundig begünstigen.

»Wir müssen uns einfach für sie bereithalten«, empfiehlt der Intuitionsforscher Philip Goldberg, der davon überzeugt ist, daß unsere bewußte Einstellung von ausschlaggebender Bedeutung für die Qualität unserer Intuition ist. »Darüber hinaus programmieren wir den Geist mit unseren Zielsetzungen, Wahrnehmungen und der Art, wie wir Probleme und Entscheidungen anpacken. Wir sagen dem intuitiven Geist auf subtile Weise, was wir von ihm erwarten...«

Zunächst einmal, so Goldberg, sollte man prüfen, wie man überhaupt zur Intuition steht – ob man ihr gegenüber eher skeptisch eingestellt ist, sie vielleicht sogar völlig ignoriert, oder aber für unvermutete Einsichten offen ist und überfall-artige intuitive Erfahrungen ständig einkalkuliert. Man kann dazu überlegen, welche Erfahrungen man bereits mit der eigenen Intuition gemacht und welche Konsequenzen man daraus gezogen hat, aber auch, wie man sich zu den mitgeteilten Informationen anderer Menschen verhält, die sich auf ihre intuitiven Erfahrungen berufen.

Den bisherigen Forschungsergebnissen nach zu urteilen, sind intuitiv eingestellte Menschen meist selbstbewußt, optimistisch und wirken unabhängig. Ob solche wünschenswerten Eigenschaften durch die intuitive Veranlagung entstehen oder ob die Intuition sich solche Eigenschaften für ihre Betätigung mit Vorliebe aussucht, ist wohl nur in Einzelfällen zu entscheiden. Jedenfalls scheint eine selbständig und unabhängig wirkende Persönlichkeit ein bevorzugtes Tätigkeitsfeld der Intuition zu sein.

Übertriebene Anpassung behindert Intuition

Nun läßt sich natürlich ein eingefleischtes Minderwertigkeitsgefühl oder ein übertriebenes Sicherheitsbedürfnis, das einem intuitiven Einfall im Wege steht, nicht einfach zugunsten einer größeren Offenheit und Angstfreiheit ablegen. Was man aber tun kann, ist, entweder für sich allein oder mit einem Vertrauten kritisch zu prüfen, ob man eine deutliche Tendenz zu pessimistischen Voraussagen, überkritischer Selbsteinschätzung oder häufiger Angst vor dem Versagen hat – und was sich dagegen tun läßt. Denn ein starres Festhalten an überkommenen Regeln, eine allzu willige Anpassung an vorgegebene Normen und die zwanghafte Neigung, möglichst jede Situation mit dem Verstand zu kontrollieren, behindern massiv die Entfaltung der Intuition. Diese Einstellung läßt kaum neue, unbekannte und ungeprüfte Informationen zu, weil sie auf Gewohnheit und auf Sicherheit programmiert ist. Statt sich einzureden »Das habe ich noch nie gemacht, das kann ich nicht«, sollte man sich deshalb entschieden angewöhnen, die Angst vor dem Unkonventionel-

len, vor Veränderung und »Unordnung« etwas zurückzu-
dämmen.

Ein solcher Vorsatz kann möglicherweise dadurch bestärkt
werden, daß man sich klarmacht, wieviele Berichte von nach-
weislich erfolgreichen Menschen es gibt, die gerade auf diese
unkonventionelle Denk- und Handlungsweise zu ihrem Erfolg gekommen sind.

Die meisten Menschen allerdings, das hatte im Jahre 1817
schon der englische Dichter John Keats festgestellt, sind nicht
in der Lage, Ungewißheiten, Geheimnisse oder Zweifel zu er-
tragen, ohne ständig nach Fakten und Vernunftgründen zu
suchen. Sie sehen die Wirklichkeit nicht in ihrer ganzen Kom-
plexität, sondern verzerren sie dadurch, daß sie sie durch ihre
eigene Persönlichkeit filtern. Ein bedeutender Dichter aber
hat die Fähigkeit, von seiner eigenen Person abzusehen, sie
zeitweise zu negieren, und sich auf diese Weise der komplexen Wirklichkeit um ihn herum ganz zu öffnen. Diese »Fähigkeit zur Negation« wird manchmal mit »Objektivität«
gleichgesetzt, manchmal auch mit »Empathie« oder »Einfühlung«.

Intuition braucht innere Vorbereitung

Was für den kreativen Bereich gilt, trifft auch auf das alltägliche Privat- und Berufsleben zu. Gewöhnlich versucht man
Probleme dadurch zu lösen, daß man Schritt für Schritt rational mit ihnen umgeht und den nächsten Schritt immer erst
dann tut, wenn man von der Richtigkeit des vorhergehenden
überzeugt ist. Folgt man aber ständig festgelegten Methoden,
so kann das, wie der Anthropologe Ashley Montagu erklärt,
zu einer Art »Psychosklerose« führen – zu einer geistigen Er-
starrung, die der Intuition und der Kreativität den Weg ver-
baut.

Das bedeutet natürlich nicht, daß man nun alles logische
Analysieren aufgibt und künftig nur noch auf intuitive Erleuchtung hofft. Wie die bisherigen Schilderungen von Erfindungen, Entdeckungen und künstlerischen Leistungen ge-

zeigt haben, bevorzugt Intuition den gutvorbereiteten Geist. Wichtig ist also beides, das sorgfältige Sammeln, Sichten und problemorientierte Denken einerseits und die Flexibilität und Offenheit gegenüber spontanen Einfällen auf der anderen Seite, selbst wenn diese Einfälle noch so »unsystematisch« scheinen mögen.

In der Praxis kann das bedeuten, daß sich leitende Persönlichkeiten, wie dies in den USA der Fall ist, häufig nicht nur über die sogenannten »harten Fakten« orientieren, also über alles, was nachgeprüft und gemessen werden kann, sondern auch ein großes Interesse für »weiche« Daten zeigen – zum Beispiel für den Inhalt von beiläufigen Unterhaltungen, für Vermutungen, Gerüchte und Klatsch. Amerikanische Kommunikationsforscher haben herausgefunden, daß viele leitende Angestellte in großen Firmen dem privaten Kontakt mit Gleichrangigen, beispielsweise in der Mittagspause, häufig aus dem Weg gehen und statt dessen einen Platz in der Nähe von Angehörigen der niedrigeren Gehaltsklassen suchen. Auf diese Weise bekommen sie eine Menge scheinbar nebensächlicher und ungesicherter Informationen, die aber für die Gesamtbeurteilung des »Betriebsklimas« oder auch einzelner Angestellter sehr wichtig sein kann.

›Brainstorming‹ – allein oder mit anderen

Um der Intuition möglichst viel »Nahrung« zu geben und zu möglichst ideenreichen Lösungen bei bestimmten Problemen zu kommen, hat es sich als günstig erwiesen, dem Geist eine Phase der lockeren Assoziationen zu gönnen – das »brainstorming«, das 1948 von dem amerikanischen Psychologen Alex Osborn »erfunden« wurde und inzwischen auf der ganzen Welt praktiziert wird. Diese Methode erlaubt es, zu einem gegebenen Problem eine Vielzahl von Lösungsmöglichkeiten zu finden.

Brainstorming geht im allgemeinen so vor sich, daß eine Gruppe zu einem Problem gemeinsam Lösungsideen sucht. Innerhalb eines bestimmten Zeitraumes sollen Einfälle dazu geäußert werden. Die gemeinsame Bemühung setzt zusätzliche Kräfte frei, weil die spontan geäußerten Ideen jedes einzelnen Teilnehmers für neue Assoziationen bei allen anderen Partnern sorgen.

Für ein produktives Brainstorming gelten folgende Regeln:

1. Keine der vorgetragenen Ideen wird sofort beurteilt oder einer Kritik unterzogen. Die Bewertung folgt erst in einer späteren Sitzung.

2. Je mehr Ideen geäußert und je mehr Assoziationen und Kombinationen dazu hervorgerufen werden, desto besser.

3. Keine Idee ist zu absurd oder zu abwegig, als daß sie nicht geäußert werden sollte. Die Absicht des Brainstorming ist nicht, »das Richtige« zu finden, sondern einen Prozeß in Gang zu bringen, der neue Ideen freisetzt.

Beim Brainstorming einer Gruppe formuliert ein Teilnehmer das Problem und achtet auf die Einhaltung der Regeln und der vereinbarten Zeitspanne. Ein anderer protokolliert alle vorgebrachten Einfälle. Die lockere Atmosphäre einer solchen Sitzung sorgt dafür, daß dem intuitiven Geist in der Gruppe ein optimales Betätigungsfeld eingeräumt wird; die Gesetze der Logik haben hier keine Gültigkeit. Es wird weder analysiert noch endgültig entschieden. Erst in einer späteren Phase werden die Vorschläge gemeinsam durchgesprochen, verbessert und gegebenenfalls erweitert.

Wenn man Brainstorming für sich allein macht, also keine anregende Gruppenatmosphäre genießt und auch niemanden bei sich hat, der an die Einhaltung der Regeln erinnert, ist es sinnvoll, sich selbst eine Zeit von etwa fünfzehn bis zwanzig Minuten zu setzen und nicht aufzuhören, bevor man nicht eine bestimmte Anzahl von Alternativen zusammengetragen hat. Dadurch bewahrt man sich selbst davor, schon bei ersten Anzeichen von Lustlosigkeit aufzustecken oder sich mit einer Lösung zufriedenzugeben, die zwar möglich, aber noch nicht besonders originell ist. Durch diese Maßnahme wird gleichzeitig die intuitive Fähigkeit darauf trainiert, unter einem gewissen Zeitdruck zu arbeiten, der ja auch im »Ernstfall« gegeben sein kann.

Entspannungsübungen und »laterales Denken«

Aber auch andere Methoden werden empfohlen, um der Intuition einen Weg freizuhalten und uns für ihre Signale aufnahmebereit zu halten. Der Kreativitätsforscher Edward de Bono, zum Beispiel, ist überzeugt davon, daß schöpferische Intuition durch so gut wie jeden Außenreiz angeregt werden kann. Das spielerische, frei umherschweifende Phantasieren, das de Bono als »laterales Denken« bezeichnet, entzündet sich, wenn man ihm dazu Gelegenheit gibt, zu jeder Zeit und an jedem Ort.

So kann es manchmal auf unvorhersehbaren Wegen zu einer Problemlösung kommen, auf die man allein mit Hilfe des logisch arbeitenden Verstandes nicht verfallen wäre. De Bono berichtet in diesem Zusammenhang von einem amerikanischen Hochhaus, in das zu wenig Fahrstühle eingebaut worden waren. Die Angestellten, die in diesem Gebäude arbeiteten, ärgerten sich ständig, vor allem in Stoßzeiten, über die langen Verzögerungen.

Um dem allgemeinen Unmut ein Ende zu bereiten und auch den Arbeitsablauf ohne unfreiwillig lange Pausen zu ermöglichen, wurden verschiedene Lösungsvorschläge gemacht. Dazu gehörte etwa der Bau zusätzlicher Fahrstühle an der Außenseite des Gebäudes, gleitende Arbeitszeiten oder das Auswechseln der alten Fahrstühle durch schnellere. Aber jeder dieser Vorschläge hätte viel Geld erfordert und unter Umständen neue, unvorhersehbare Komplikationen mit sich gebracht. Schließlich kam jemand auf die höchst einfache Idee, man könne doch Spiegel neben die Fahrstuhltüren hängen.

Dieser Einfall erwies sich als das ›Ei des Kolumbus‹ (eine Formulierung, die ja auch mit einer intuitiven Eingebung zusammenhängt). Von nun an waren die vorher noch so ungeduldigen Angestellten damit beschäftigt, während des Wartens auf einen Fahrstuhl ihre Frisuren und ihre Kleidung in Ordnung zu bringen oder verstohlen das Make-up zu überprüfen; die Wartezeit schien sich plötzlich verkürzt zu haben.

Auch wenn nicht jeder auf einen so »genial einfachen« Gedanken kommen wird, so kann man sich doch, wie viele Forscher empfehlen, durch gezielte Übungen auf intuitive Botschaften einstellen. Um den hierfür günstigen Zustand des »Dösens« zu erreichen, werden beispielsweise folgende Entspannungsübungen vorgeschlagen:

— Setzen Sie sich bequem auf einen Stuhl, die Füße flach auf dem Boden, die Arme seitlich herabhängend, die Augen geschlossen, gerader Rücken.
— Konzentrieren Sie sich auf Ihre Atmung, ohne sie jedoch kontrollieren zu wollen. Weisen Sie alle Gedanken ab, indem Sie nur ans Atmen denken. Spüren Sie, wie Luft durch die Nase und die oberen Atemwege streicht und weiter durch den Hals in die Lunge.
— Empfinden Sie, wie sich Ihre Lunge weitet und die Luft schließlich durch das Zwerchfell gepreßt wieder durch den leicht geöffneten Mund entweicht. Sehen Sie das Einatmen und das Ausatmen wie einen Kreis, dem Sie Ihre ausschließliche und *entspannte* Aufmerksamkeit widmen.
— Beobachten Sie, wie die verschiedenen Teile Ihres Körpers reagieren, während Sie sich entspannen. Sie werden vielleicht bemerken, wie ungleichmäßig Sie atmen und wie schwierig es ist, sich auf die Atmung zu konzentrieren, ohne sie kontrollieren zu wollen.
— Es fällt Ihnen vielleicht auch schwer, Ihre Gedanken nicht wandern zu lassen. Manchem fällt es leichter, sich auf die Atmung zu konzentrieren, wenn er beim Atmen mitzählt. Nehmen Sie sich z. B. vor, fünfzig- oder auch hundertmal ein- und auszuatmen. Sie werden schließlich ganz entspannt sein – sich in einem Zustand des Dösens befinden und bereit dazu, flüchtige Gedanken und Gefühle in ihrem halbwachen Bewußtsein aufzunehmen.
— Wenn Sie diesen Zustand bei einem nächsten Versuch nicht erreichen, bleiben Sie zunächst noch länger in der Entspannungshaltung des Ein- und Ausatmens.

Diese Vorübung empfiehlt der amerikanische Autor Milton Fisher, der auch Anwalt und Investment-Berater ist, jedem, der sich auf intuitive Einfälle und Problemlösungen einstimmen will. Nach den entspannenden Atemübungen kann man dann damit beginnen, im halbbewußten Zustand der Intuition das Problemfeld zu überlassen. Um das zu lösende Problem intuitiv »umkreisen« zu können, ist es ratsam, es so knapp wie möglich zu formulieren und es auf einem Blatt Papier zu notieren. Damit wird der Intuition die Richtung gewiesen, in die man sie lenken möchte.

Das »Intuitions-Tagebuch«

Der Intuitionsforscher Philip Goldberg berichtet über eigene gute Erfahrungen mit einem »Intuitions-Tagebuch«. Goldberg führt als Beispiel einen Bauunternehmer an, der in der Nacht, bevor er die Verträge zu einem großen Bauvorhaben unterzeichnen sollte, plötzlich aufwachte und zu seiner Frau sagte, er werde das Projekt nicht übernehmen. Am folgenden Morgen hatte er diese Entscheidung offenbar vergessen und unterschrieb die Verträge doch. Das Projekt wurde für ihn ein katastrophaler Fehlschlag. Er habe in jener Nacht bestimmte »Schwingungen« in sich wahrgenommen, sagte der Unternehmer in einem späteren Gespräch, aber leider habe er sich dann nicht daran gehalten. In Zukunft werde er auf solche inneren Wahrnehmungen besser achtgeben.

Ein solches Erlebnis, meint Goldberg, regt zum Führen eines Intuitions-Tagebuchs an. Mit Hilfe eines solchen Tagebuchs könne man entdecken, welche Zusammensetzung einzelner Faktoren mit einer erfolgreichen Intuition verbunden sind und welche mit mangelhaften oder falschen Eingebungen verknüpft waren. Wenn man dieses Tagebuch gewissenhaft führe, könne man allmählich lernen, welche intuitiven Signale in die richtige Richtung weisen. Das wiederum stärke das Vertrauen in die Intuition, die dadurch noch wirksamer würde.

Um die intuitive Tätigkeit noch weiter anzuregen, nennt Goldberg einige Übungen, die sich besonders dafür eignen:

1. Üben Sie schnelles Entscheiden bei unwichtigen Angelegenheiten. Geben Sie sich zehn Sekunden Zeit, wenn Sie: Ein Essen bestellen; sich entscheiden, was Sie anziehen wollen; eine Fahrtroute wählen etc.
2. Üben Sie sich im Voraussagen, indem Sie sich an den ersten Gedanken halten, der Ihnen in den Sinn kommt. Sagen Sie voraus: wer der Anrufer ist, wenn das Telefon läutet; wie ein Fußballspiel ausgehen wird; wie die Schlagzeilen der Morgenzeitungen lauten werden; wie bestimmte Aktienkurse notiert werden; wie ein Kollege am nächsten Tag im Büro gekleidet sein wird etc.
3. Decken Sie die Bildunterschriften in Zeitungen ab und sagen Sie schnell, wie sie lauten. Eine Alternative: Decken Sie die Sprechblasen bei Comic-Heften ab und erfinden Sie eigene. Das kann auf zweierlei Weise geschehen: Entweder man versucht, möglichst richtig zu antworten, oder man bemüht sich, einfallsreich zu sein.
4. Schalten Sie den Ton Ihres Fernsehgerätes ab, und beschreiben Sie nach fünf Minuten, was passiert ist. Oder schalten Sie den Ton einer Werbesendung ab und erraten das Produkt, vorausgesetzt, Sie kennen es nicht und haben die Werbung noch nie gesehen.
5. Beschreiben Sie einen Fremden nach einer nur kurzen Begegnung in möglichst vielen Einzelheiten: den Familienhintergrund, ein Hobby, die Selbsteinschätzung, die bevorzugte Lektüre, die Kleidung, die Wohnung etc.
6. Arbeiten Sie mit einem Freund zusammen, dann benutzen Sie Fotos, skizzenhafte Informationen (Name, Beruf, Alter), und beschreiben Sie beide abwechselnd die Bekannten des anderen.
7. Lesen Sie Kriminalromane und sagen Sie den Täter voraus.
8. Praktizieren Sie Brainstorming über: verlorengegangene Haustiere; Tragen von Päckchen im Regen; Kartenlesen beim Autofahren; Arbeitslosigkeit etc.

Diese Übungen zum Kennenlernen der Intuition kann man zwar auch allein machen, aber anregender ist es natürlich, wenn man sie in Gruppen durchführt, zumal sich dann leichter und schneller neue Übungsmethoden finden lassen. Es empfiehlt sich sogar, diese Form des Brainstorming regelmäßig durchzuführen, die Erfahrungen jedes einzelnen gemeinsam zu diskutieren und auch die Erkenntnisse, die sich aus der Führung eines Intuitions-Tagebuchs ergeben, miteinander auszuwerten. Auf diese Weise lernt man, sich für intuitive Hinweise zu sensibilisieren.

Eine neue Definition für »Intuition«?

»Wissen, von dem man nicht weiß, woher man es weiß« – diese Umschreibung der Intuition wird wohl noch lange benutzt werden müssen, auch wenn unsere Kenntnis inzwischen durch etliche Daten und Fakten angereichert ist und wir zumindest etwas genauer wissen, *warum* wir nicht wissen. Ein neueres amerikanisches Lexikon der Psychiatrie erklärt den Begriff »Intuition« als »einen literarischen und psychologischen Ausdruck, für den es keine exakte wissenschaftliche Definition gibt. Er bezieht sich auf eine spezielle Art der Wahrnehmung und Bewertung der objektiven Wirklichkeit. Intuition... beruht auf unbewußten Gedächtnisspuren der Vergangenheit und vergessenen Erfahrungen und Urteilen. Durch Intuition wird ein Sammellager unbewußten Wissens, das in der Vergangenheit angehäuft wurde, in der Gegenwart genutzt...«

Auf dieses »Sammellager«, diesen unbewußten Datenspeicher, richtet sich die allgemeine Aufmerksamkeit heute mehr denn je. Wir ahnen nicht mehr bloß, sondern wir wissen, daß Intuition für uns lebensnotwendig ist. Sie verhilft uns zu Entscheidungen, und sie warnt uns vor Gefahr. Sie ist Bestandteil unserer Kreativität, und sie trägt ihren Teil zu unserem beruflichen und privaten Erfolg bei. Sie ermöglicht uns den Genuß von Kunst, und sie führt uns, wenn wir auf ihre Signale achten, zu einer vertieften Selbstkenntnis.

Und nicht zuletzt kann uns unsere Intuition zu besseren zwischenmenschlichen Beziehungen verhelfen. Durch Einfühlung lassen sich oft Konflikte beilegen oder ganz vermeiden. Wenn uns unsere »Ahnung« sagt, daß unser Gegenüber bei einem Gespräch gleich »explodieren« wird, liegt es an uns, ob wir den voraussehbaren Ausbruch mit unserem nächsten Wort auslösen oder ob wir uns rechtzeitig nach einem Kompromiß umsehen wollen. Wenn wir unser Einfühlungsvermögen nicht nur egoistisch nutzen, um uns selbst Vorteile zu verschaffen, können wir auch anderen Menschen nützen, indem wir Verständnis für sie entwickeln. Und diese Einstellung kommt letzten Endes auch uns selbst wieder zugute.

Unsere »Antenne« vermittelt uns, wenn wir sie richtig einstellen, eine Fülle von Botschaften, die für das Leben in der Gesellschaft von entscheidender Bedeutung sind. Sie signalisiert uns »good vibrations« oder »schlechte Atmosphäre«. Sie zeigt an, ob unser Gesprächspartner innerlich unsicher ist und deshalb vielleicht aggressiver wirkt als er eigentlich sein möchte. Sie läßt uns eine verhüllte Ablehnung ebenso wahrnehmen wie eine aufkeimende Zuneigung – manchmal sogar noch bevor sie unserem Gegenüber selbst bewußt wird. Und sie gibt uns Hinweise darauf, wie wir uns in solchen Situationen angemessen verhalten können. Die Entscheidung darüber, ob wir diese Hinweise ausbeuterisch oder solidarisch verwerten, liegt bei uns.

Wenn wir unseren unbewußten Datenspeicher stärker beachten, können wir lernen, uns in andere Menschen hineinzuversetzen – ihre Gefühle nachzuempfinden, ihre Gedanken mitzudenken und manche ihrer Handlungen sogar vorauszusehen. Wer gewohnt ist, in »Konkurrenz«-Begriffen zu denken, wird das im kommerziellen Sinne nützlich finden. Aber eine intuitive Tätigkeit, die Sensibilität mit Erfahrung kombiniert, läßt sich auch weniger materialistisch betrachten. Dann nämlich führt, wenn es glückt, die Intuition zu *Sympathie* – auf deutsch: *Mit-Gefühl*.

Literatur zum Thema

M. H. Abrams, *Spiegel und Lampe*, Romantische Theorie und die
Tradition der Kritik (München 1978)

Alfred Adler, *Menschenkenntnis* (Frankfurt 1966)

Silvano Arieti, *Creativity*, The Magic Synthesis (New York 1976)

Henri Bergson, *Denken und schöpferisches Werden* (Meisenheim 1948)

Alfred Bertholet, *Wörterbuch der Religionen* (Stuttgart 1962)

Edward de Bono, *Laterales Denken* (Reinbek 1971)

Kenneth Bullmer, *Empathie* (München / Basel 1978)

Remo Buser, *Ausdruckspsychologie* (München 1973)

Johannes Cremerius, *Neurose und Genialität* (Frankfurt 1971)

E. R. Curtius, *Europäische Literatur und Lateinisches Mittelalter*
(Bern 1965)

Friedr. W. Doucet, *Intuitionstraining* (München 1978)

Mircea Eliade, *Schamanismus und archaische Ekstasetechnik*
(Zürich 1956)

Milton Fisher, *Intuition* (Landsberg 1986)

Sigmund Freud, *Werkausgabe in zwei Bänden* (Frankfurt 1982)

J. W. Goethe, *Aufsätze und Abhandlungen* (Berlin o. J.)

Philip Goldberg, *Der zündende Funke – Die Kraft der Intuition*
(Reinbek 1988)

R. K. Goldschmit-Jentner (Hg.), *Lichtenbergs Werke* (Stuttgart 1948)

Ernst H. Gombrich, *Bild und Auge* (Stuttgart 1984)

ders. u. a., *Kunst, Wahrnehmung, Wirklichkeit* (Frankfurt 1977)

Eugen Herrigel, *Zen in der Kunst des Bogenschießens* (Konstanz 1948)

Lee Iacocca, *Eine amerikanische Karriere* (Düsseldorf 1986)

C. G. Jung, *Psychologische Typen* (Zürich 1930)

R. Kirchhoff (Hg.), *Ausdruckspsychologie* (Göttingen 1972)

Arthur Koestler, *Die Wurzeln des Zufalls* (Frankfurt 1974)

Ernst Kris, *Die ästhetische Illusion* (Frankfurt 1977)

L. Lévy-Bruhl, *Die geistige Welt der Primitiven* (München 1927)

Konrad Lorenz, *Über tierisches und menschliches Verhalten*
(München 1965)

M. von Magdeburg, Aus dem *Fließenden Licht der Gottheit* (Leipzig 1939)

Kenneth R. Pelletier, *Unser Wissen vom Bewußtsein* (München 1982)

Herma Piesch, *Mystik* (München 1963)

Karl R. Popper / John C. Eccles, *Das Ich und sein Gehirn* (München /
Zürich 1982)

Karl R. Popper, *Auf der Suche nach einer besseren Welt* (München /
Zürich 1984)

Siegfried Preiser, *Kreativitätsforschung* (Darmstadt 1979)

ders., *Personwahrnehmung und Beurteilung* (Darmstadt 1979)

Theodor Reik, *Hören mit dem dritten Ohr* (Frankfurt 1983)

Ruch/Zimbardo, *Lehrbuch der Psychologie* (Berlin/Heidelberg 1974)

Carl Ludwig Schleich, *Vom Schaltwerk der Gedanken* (Berlin 1926)

Jochen Schmidt, *Die Geschichte des Genie-Gedankens...*
 (Darmstadt 1985)

Lothar Schreyer, *Die Mystik der Deutschen* (Hamburg 1933)

R. Sheldrake, *Das schöpferische Universum* (München 1983)

S. Springer/G. Deutsch, *Linkes – rechtes Gehirn* (Heidelberg 1987)

D. T. Suzuki, *Die große Befreiung*, Einführung in den Zen-Buddhismus
 (Bern 1979)

M. D. Vernon, *Wahrnehmung und Erfahrung* (Köln 1974)

Wilhelm Worringer, *Abstraktion und Einfühlung* (München 1959)